宮下萌【編著】

テクノロジーと差別

ネットヘイトから「AIによる差別」まで

解放出版社

はじめに

　本書を手にとってみたときに「?」と疑問符が頭に思い浮かぶ方も多いのではないだろうか。近年では、インターネット上のヘイトスピーチやAIプロファイリング等個別のテーマに関する書籍は多数存在するものの、「テクノロジー」と「差別」が重なり合う問題を包括的に扱うものにはなかなか出会うことがかなわなかった。

　筆者は、普段は弁護士として活動しているが、同時に、反差別国際運動（IMADR）の特別研究員として主にヘイトスピーチをメインに人種差別撤廃に関するロビー活動・アドボカシー活動等を担当している。

　2020年には、IMADR主催で「AIと差別」をテーマにオンラインシンポジウムを開催し、また、同年には筆者が所属する「ネットと人権法研究会」で「インターネット上の人権侵害情報対策法モデル案」を公表するなど、筆者個人としても「テクノロジーと差別」というテーマには強い関心を寄せていた時期でもあった。

　そんな折に、解放出版社の村田浩司さんにご縁をいただき、「テクノロジーと差別」というテーマを知っていただきたいという気持ちから、「現状を把握する入門書」という位置づけで本書を刊行する運びとなった。

　本書では、インターネット上のヘイトスピーチ、サイバーハラスメント、AIプロファイリング、テクノロジーの直接差別的・間接差別的設計・利用やテクノロジーがもたらす構造的差別等、様々な角度から「テクノロジーと差別」の問題を包括的に取り上げ、全体像を把握することを試

みた。

　本書は「ネット差別の現状と闘い」「法規制の観点からネット上の差別を考える」「テクノロジー／ビジネスと差別」の3部で構成されている。

　第1部の「ネット差別の現状と闘い」では、主にインターネット上のヘイトスピーチ、女性に対するオンラインでの暴力、インターネット上の部落差別、複合差別、ネット炎上の問題等、「インターネット上に表出される差別の現状と闘い」がテーマとなっている。

　第1章「ネット上のヘイトスピーチの現状と課題——「2016年」以後を考える」（明戸隆浩）は、ヘイトスピーチ解消法が施行され、また同時に、「フェイクニュース」が注目された2016年以降におけるネット上のヘイトスピーチに関する考察である。本章では、「ヘイトスピーチ対策」と「ネット空間のガバナンスの変化」という二つの異なるアプローチから「ネット上のヘイトスピーチ」を考えることの重要性が示唆されている。

　第2章「女性に対するネット暴力の現状——誹謗中傷にさらされた当事者のケースから考える」（石川優実）は、女性に対するインターネット上のヘイトスピーチ、サイバーハラスメント、サイバーストーキング等、女性に対するオンラインでの暴力に関する現状を、自身の経験を交えて非常にリアリティをもって明らかにしている。本章を通じて、女性に対するオンラインでの暴力が決して許されるものではないことが改めて痛感される。また、差別に加担しないために一人ひとりがどう行動すべきなのかについて学ぶことが多い。

　第3章「ネット社会で深刻化する部落差別」（川口泰司）は、「全国部落調査」復刻版差別事件等も踏まえながら、ネット上の部落差別が放置されていることで現実社会での部落差別もエスカレートし、リアルな社会に深刻な影響を与えていることを指摘している。ネット上の部落差別を撤廃するためには、差別禁止法が必要であること、国および地方自治体並びに企業等がこの問題を解決するために連携し、総合的な取り組みが

急務であることが示されている。

　第4章「ネット上の複合差別と闘う──在特会／『保守速報』との裁判闘争記」（上瀧浩子）は、李信恵氏の訴訟代理人弁護士である筆者が、裁判を通じた「インターネット上の複合差別」の闘いについて記載した裁判録とも言える論文である。日本で初めて「複合差別」という文言を裁判所が認めた画期的な判決であるが、この裁判は原告である李信恵氏が声を上げ闘い、一緒に闘い抜いた筆者がいたからこその勝利である。しかしながら、本来は当事者が精神的・金銭的・時間的コストを全面的に負担し、裁判を起こさなければ救済されないのは不合理かつ不正義であることも改めて明らかになった。

　第5章「『ネット炎上』における人権侵害の実態──計量テキスト分析からのアプローチ」（明戸隆浩／曺慶鎬）は、「ネット上の人権侵害」について考えるときに重要な論点となる「ネット炎上」に関する考察である。「ネット炎上」という分野において「差別」や「人権侵害」の問題がどのように生じるかについてデータに基づいた非常に興味深い分析が行われている。

　第1部で示されたように、インターネット上の差別の実態は深刻であり、ネット上の差別撤廃に不可欠な役割を果たすのが「法」である。そこで、第2部「法規制の観点からネット上の差別を考える」では、「インターネット上の差別に対してどのような法制度が必要か」という問題について、現状を踏まえた考察を行った。

　第6章「ネット上の人権侵害に対する裁判の現状」（唐澤貴洋）は、プロバイダ責任制限法の限界や改正法の概説を示すとともに、関連する裁判例を紹介したものである。現行法では「インターネット上の人権侵害」への対応が不十分であることが本稿でも明らかになった。

　第7章「地方自治体はネット差別とどう向き合うべきか──その動向と課題」（佐藤佳弘）は、インターネット・モニタリング事業の現状や各

地方自治体の条例制定の動きを中心に日本における現状を明らかにした論文である。インターネット上の差別は、国が果たすべき責任・役割が第一義的にあるものの、包括的なインターネット上における差別禁止を盛り込んだ対策法がないなかで各地方自治体が奮闘している様子がうかがえる。

第8章「ドイツの『ネットワーク執行法』に学ぶ──サイバー・ヘイトの問題を中心に」（金尚均）は、先進的なドイツの「ネットワーク執行法」に関する詳細な解説が示されている。ドイツの先進的な法律を参考にして日本でも法規制・法整備の動きが進むことを期待したい。

第9章「ネット上の人権侵害に対する法整備の在り方」（宮下萌）は、現状の総務省、国会、地方自治体、プロバイダの動きを概括的に検証したうえで、筆者も一員である「ネットと人権法研究会」が策定・公表した「インターネット上の人権侵害情報対策法」も踏まえながら、望ましい法整備の在り方について検討したものである。

ところで、「テクノロジーと差別」という問題設定を行ったときに論じられるべきものは「インターネット上の差別」に限らない。AIプロファイリング、ビジネスと人権を踏まえた視点、デジタルディバイド、構造的差別等、様々な論点が考えられる。そこで第3部では「テクノロジー／ビジネスと差別」をテーマに3人の執筆者から検討をいただいた。

第10章「『AIによる差別』にいかに向き合うか──プロファイリングに関する規制を中心に」（成原慧）は、AI時代とも言える現代の差別や公平性の問題について近年の国際的な議論も踏まえながら、示唆に富んだ論文である。欧州等でAIの規制に向けた立法の検討が行われているが、日本でも同様の議論・具体的な検討が求められるところである。

第11章「ビジネスは人権を守れるのか？──イノベーションの落とし穴」（佐藤暁子）は、「ビジネスと人権」という視点から、「テクノロジーと差別」が重なり合う問題について総括的に書かれた論文である。「ビジ

ネスと人権に関する指導原則」に則った人権尊重の主体たる企業の責任は、テクノロジーの分野においても当然求められるべきことであり、今後もさらなる議論が期待されるところである。

　第12章「テクノロジーは人種差別にどう向き合うべきか？——国連『人種差別と新興デジタル技術』報告書の分析を中心に」（宮下萌）は、2020年6月に現代的形態の人種主義、人種差別、外国人嫌悪及び関連する不寛容に関する国連特別報告者の「人種差別と新興デジタル技術：人権面の分析」報告書を紹介するとともに若干の検討を加え、「人種差別とテクノロジー」に関する今後の課題と解決策を検討したものである。本報告書は「人種差別とテクノロジー」の問題を考える際の重要な視点が示唆されており、人種差別に限定されているものの、「テクノロジーと差別」の問題を概括的に検討するにあたり重要な論点を示してくれた。

　以上、本書は上記の第12章で構成されているが、本書では捕捉しきれなかった「テクノロジーと差別」の問題も残されており、今後取り組まなければならない課題は多い。

　日本においては、テクノロジーの専門家と差別問題の専門家の距離が遠く、共同して「テクノロジー」と「差別」が重なり合う問題について、取り組むことが少ないように思えることも本書の刊行の一因でもあった。「テクノロジーと差別」というテーマは「古典的」かつ「新しい」問題であり、「テクノロジー分野から出発するアプローチ」と「差別撤廃から出発するアプローチ」という異なる二つの視点が必要となる分野である。技術的な側面のみから差別撤廃を目指すことは不可能であることはもとより、「テクノロジーと差別」というテーマにおいては、技術的な側面を無視して差別を根絶することはできない。

　「差別は許されない」という「当たり前」の規範は、テクノロジーが発展するなかでも変わらない。しかしながら、テクノロジーの進歩により差別の手口が巧妙化し、対処も難しくなってきていることも事実である。

だからこそ、「差別は許されない」という当たり前の規範を実現するためには、「テクノロジー」と「差別」が重なり合う問題について、多くの、そして多様な人がこの問題に関心を寄せて解決策を見出さなければならない。

　本書がこの「テクノロジーと差別」という「古典的」かつ「新しい」問題を議論するための一助になれば幸いである。

　2022年1月

宮下萌

【テクノロジーと差別／目次】

第 **3** 章

ネット社会で深刻化する部落差別 029

川口泰司········山口県人権啓発センター 事務局長

第**12**章

テクノロジーは人種差別にどう向き合うべきか？ 211
——国連「人種差別と新興デジタル技術」報告書の分析を中心に

宮下萌⋯⋯⋯弁護士

ネット差別の
現状と闘い

ネット上のヘイトスピーチの現状と課題
——「2016年」以後を考える

明戸隆浩………立教大学社会学部助教

1………2016年以後 ——「ヘイトスピーチ解消法」と「フェイクニュース」

　ネット上のヘイトスピーチというテーマは、「(ネット内外を問わない)ヘイトスピーチ」と「ネット空間におけるガバナンス」という、2つの異なる問題が重なるところに位置している。これら2つはいずれも主に2000年以降に顕在化してきた問題だが、両者が明確に関連づけて論じられるようになったのは、ここ数年のことである。その区切りとなる年をあえて具体的に挙げるなら、それは「2016年」ということになるだろうと思う。

　まず2016年は、日本におけるヘイトスピーチの問題を考える上で極めて重要な年である。この年の6月3日、ヘイトスピーチ解消法(本邦外出身者に対する不当な差別的言動の解消に向けた取組の推進に関する法律)が施行され、外国出身者などに対する差別的言動が法的に許されないものであることが明確化された。EU諸国などの同様の法律のように刑事罰を伴ったものではなく、また本邦外出身者という限定的な対象にさらに「適法に居住する」などという但し書きを付けるなど問題点は多いが、日本において人種差別に関する初めての法律が成立したことは、そのうえでなお画期的であった。

そして 2016 年は、ネット上のガバナンスを考えるうえでの一つの重要な区切りとしても位置づけられる。2016 年は 6 月にイギリスが国民投票によって EU 離脱を決定し、11 月にアメリカ大統領選挙でドナルド・トランプが当選した年だが、これらを通してキーワードになったのが「フェイクニュース」という言葉だった。この言葉は大統領就任後のトランプによる濫用などもあって明確な定義をしづらい状況にあるが、しかしはっきりしていることは、この言葉によってインターネットが人々にもたらす影響の大きさが一気に可視化されたということだ。そしてこうしたことは、もともと「アングラ」から始まった「自由な」インターネットが、その影響力に見合った社会的責任を求められるようになるうえでの、非常に重要な契機ともなった。

　「ヘイトスピーチ解消法」と「フェイクニュース」。同じ 2016 年に現れた一見文脈の異なるこれら 2 つの出来事は、日本におけるネット上のヘイトスピーチの現状と課題を考えるうえで、重要な出発点を提供する。ここではこうした観点から、まず「ヘイトスピーチ解消法」以後の日本におけるネット上のヘイトスピーチ対策について概観したうえで、「フェイクニュース」以後のグローバルなネット空間におけるガバナンスの変化について確認し、それら両方を踏まえる形で、2020 年代の日本のネット上のヘイトスピーチ対策における課題について示したい。

2……「ヘイトスピーチ解消法」以後の ネット上のヘイトスピーチ対策

　2016 年のヘイトスピーチ解消法の成立にあたって最も重要な背景となったのは、2007 年に設立された排外主義団体「在特会（在日特権を許さない市民の会）」およびその周辺の団体による活動である。2009 年に最初に在特会が一部で注目を集めたのは自らのデモや街宣の動画を YouTube などにアップして拡散するという手法を通してであり、その意味で 2000 年代以降の日本の排外主義にとってインターネットは当初から極めて重要なツールだった。しかし

第 1 章……ネット上のヘイトスピーチの現状と課題

同時に彼ら／彼女らの活動の場はあくまでも「路上」であり、ネットでの拡散はそうした路上での活動があってこそ可能になるものだった。

　そのためヘイトスピーチ解消法の制定時に念頭に置かれたのもこうした状況であり、そこで法的に許されないヘイトスピーチとして想定されていたのは、東京の新大久保で、大阪の鶴橋で、あるいは川崎で行われたデモや街宣で繰り返し叫ばれていた、露骨に排外的な言動だった。こうしたことは、解消法に先立って2016年1月に成立していた大阪市のヘイトスピーチ条例（大阪市ヘイトスピーチへの対処に関する条例）や、2018年10月に成立した東京都の条例（東京都オリンピック憲章にうたわれる人権尊重の理念の実現を目指す条例）、さらには2019年12月に成立した川崎市の同様の条例（川崎市差別のない人権尊重のまちづくり条例）においても、基本的には同様である。

　こうした状況のなかで、路上でのデモや街宣とは無関係に行われる純粋にネット上だけのヘイトスピーチについては、その対応が常に「後手」に回ってきた。実際ヘイトスピーチ解消法の成立にあたっては、その附帯決議に「インターネットを通じて行われる本邦外出身者等に対する不当な差別的言動を助長し、又は誘発する行為の解消に向けた取組に関する施策を実施すること」という文言が加えられたが、これはその性質上あくまでも補足的な内容であり、その後解消法に基づいてこの問題に十分な対応がなされたとは言い難い。

　これに対して比較的新しい川崎市の条例では、第8条および第17条でネット上のヘイトスピーチ対策に触れており、特に第17条では川崎市に関連したものという限定つきながら「表現の内容の拡散を防止するために必要な措置を講ずる」と明記した。こうした規定は同じくこの条例に盛り込まれた制限つきの罰則制度同様、日本におけるヘイトスピーチ対策としては画期的なものではあった。

　しかし実際には、（管轄内での）デモや街宣が多くても月に数回程度にとどまるのに対して、ネット上のヘイトスピーチはその数や頻度、および拡散のスピードにおいて全く次元が異なる。実際川崎市の条例ではネット上のヘイ

トスピーチについてもデモや街宣同様「川崎市差別防止対策等審査会」の意見を踏まえて判断することになっているが、ネット内外の性質の異なるヘイトスピーチを同じやり方で扱おうとした結果、特にネット上のヘイトスピーチについて構造的に対応が追いつかない状況が生じている。端的に言えば、24時間ないし48時間といったレベルで勝負が決まるネット上のヘイトスピーチに、非常勤の専門家が不定期に集まって行われる審査会が個別に対応することは、そもそもの設定に無理があると言わざるを得ない。

3……「フェイクニュース」以後の
ネット空間におけるガバナンスの変化

　一方、同じ2016年に浮上したフェイクニュースの問題は、ネット空間におけるガバナンスについて、グローバルな次元で大きな変化を生じさせることになった。例えばこうした問題に対して最も早く反応した国の一つであるドイツでは、2017年6月にネットワーク執行法と呼ばれる法律が成立している。この法律は日本ではネット上のヘイトスピーチ対策の文脈で言及されることが多いが、実際にはそこでは既存のドイツ刑法の条文と紐づける形でヘイトスピーチ以外にも一般的な侮辱や脅迫、煽動など広範囲の犯罪がカバーされており、その点でこの法律は、2016年以降のネット空間におけるガバナンスの変化の一つの象徴としても位置づけることができる。

　一方アメリカはEU諸国と異なり、もともとインターネットの書き込みに対する規制には慎重な立場をとるが、「フェイクニュース」問題に直接関わるFacebookやTwitter、Googleなどの大手プラットフォーマーを国内に抱えていることもあり、こうした企業のトップを公聴会に呼ぶという形での対応が行われた。具体的には、2018年4月にFacebookのマーク・ザッカーバーグが上院の公聴会に、また2020年10月にはザッカーバークに加えてTwitterのジャック・ドーシーおよびGoogleのスンダー・ピチャイが同じく上院の公聴会に呼ばれ、証言を求められた。公聴会での実際のやりとり自体は形式的な

議論にとどまる部分も多かったが、連邦政府が大手プラットフォーマーに対して介入を行い得る可能性が顕在化したことは、2016年以前のネット界隈の感覚からすれば非常に大きな変化であった。

　また日本においても、こうしたネット空間のガバナンスの問題の一環として、ネット上の人権侵害についての問題提起が行われている。具体的には2019年9月、公正取引委員会の杉本和行委員長（当時）は、ネット上のプラットフォーマーはフェイクニュースやヘイトスピーチなどを排除するよう努めるべきだと述べた。実際にはこの発言は「アドバルーン」にとどまり、こうした流れの帰結として2020年5月に成立した「デジタルプラットフォーム取引透明化法（特定デジタルプラットフォームの透明性及び公正性の向上に関する法律）」ではそうした内容は盛り込まれなかったが、しかしこのような発言があったこと自体、2016年以降の変化を示すものとして重要である。

　そしてこうした流れをやや異なった角度から部分的に継承することになったのが、デジタルプラットフォーム法が成立したのと同じ2020年5月に起きた、プロレスラー木村花さんの死亡事件をきっかけとした動きだった。木村さんの死はネット上での彼女に対する誹謗中傷を動機とする自殺と見られているが、タレントのスマイリーキクチさんや弁護士の唐澤貴洋さんへの長期にわたる誹謗中傷のように、同様の事件はそれ以前にも繰り返し生じている。しかし今回は被害者の死亡という最悪の結末に至ったこと、またここまで述べてきたように2016年以降ネット空間のガバナンスに大きな変化があったことなどにより、遅ればせながら政府も具体的な対応を迫られることになった。

　もっともこの事件を受けて実際に行われたのは、匿名で人権侵害が行われた場合の発信者情報の開示にあたってそこに新たに電話番号を加えるための省令改正（2020年8月）、および同じく発信者情報の開示にあたって「ログイン時情報」を加え、さらに現在二重三重の負担となっている裁判手続きの負担軽減のために新たな裁判手続きを創設するための法改正（2021年4月公布）、の2つであり、いずれもかなり技術的なものである。とはいえ、2002年にプロ

バイダ責任制限法が施行されてから手付かずだったネット上の人権侵害の問題について法的に踏み込んだ議論がなされたことは、それが「たまたま」ではなくグローバルな趨勢にも関わるものだということを考え合わせるとなおのこと、特筆に値するものである。

4……「フェイクニュース」以後のネット上のヘイトスピーチとどう対峙するか

　このように2016年以降は、様々な点で不十分さを抱えつつも、ネット上のヘイトスピーチや人権侵害に対してそれでも少しずつ対応が進みつつある時代だということができる。しかし第2節で見たヘイトスピーチ対策、第3節で見たネット空間のガバナンスのいずれについても、現状の枠組みでは明らかに対応しえない問題が残っており、またそうした傾向は、フェイクニュース以降の時代のなかでさらに増大している。

■フェイクニュース型のヘイトスピーチ／人権侵害

　第2節で見たヘイトスピーチ解消法では、法務省がそれに合わせた参考情報を提示しており、そこでは条文に即した「危害告知」「著しい侮蔑」「排除の煽動」の3つの類型について、不当な差別的言動にあたる表現が具体的に列挙されている。しかしそこで示されている表現の多くは、「殺せ」のように自集団に特定の行為を呼びかける表現や「出ていけ」のように他集団に特定の行為を強制する表現などいわゆる「命令文」であり、たんに事実について述べる表現については、明らかな蔑称や軽蔑的な例えなどに限定される。

　そのため、「外国人は犯罪者だ」のようなある意味典型的なヘイトスピーチは、こうした法務省の分類においてはよくて周辺的、悪ければヘイトスピーチに該当しないものとして扱われてしまう。しかしフェイクニュースという言葉で問題にされたのは、特定の人や組織、あるいは人や組織を特定しない集団や属性について、ありもしない「事実」を語り、それによって人々の判

断を狂わせようとする情報だった。もちろんこうした情報の捻じ曲げそれ自体はフェイクニュースという言葉が登場する以前から行われてきたことだが、2016年以降に明らかになったのは、まさにこうした情報の捻じ曲げが個人や組織に対する名誉棄損、あるいは集団や属性に関わるヘイトスピーチとして現れやすいという現実である。

　2016年に成立したヘイトスピーチ解消法が2016年に登場したフェイクニュースの問題に対応していないのはある意味仕方がないことでもあるが、第3節で見たように現在各国で行われているネット上のヘイトスピーチ／人権侵害対策は、いずれもフェイクニュースの問題を踏まえる形で議論されている。また実際日本のデジタルプラットフォーム法の議論の際にもこうした各国の前例は参照されているのだが、問題はそれが実際の省令改正や法改正にはつながらず、またこうした動きとヘイトスピーチ解消法関連の動きも切り離されてしまっていることだ。端的に言えば、日本のネット上のヘイトスピーチ／人権侵害対策は、2016年以降のバージョンに正しく対応できていない。

❷「殺到型」のヘイトスピーチ／人権侵害

　そしてもう一つ指摘しておかなければならないのは、特にネット上においては、ヘイトスピーチ・人権侵害いずれについても「殺到型」のものが大きな問題を生じさせるということだ。この「殺到型」という表現は木村さんの事件を受けて法改正を議論する総務省の研究会のなかで使われたものだが、そこで念頭に置かれているのは、一つひとつは必ずしも明確な名誉毀損や侮辱に至らないものであっても、多くの人から一度に集中して否定的な表現を投げつけられることで、被害者が精神的に一気に追い込まれるという状況である。

　現在木村さんの事件については一線を超えた発言をしたアカウントについて個別に訴訟を提起するという形で裁判が進められており、現状の法制度を前提にした場合にはおそらくそれが最善だろう。しかしもう少し理念的に見た場合には、加害と被害の非対称性、つまり個別の加害は小さなものでもそ

れらが累積した被害全体は極めて大きくなるという問題について、正面から考える必要がある。

そしてこうしたネット上の人権侵害の特徴は、ヘイトスピーチについても部分的にあてはまる。先に見た法務省の参考情報で示されているような事例はあくまでも「典型例」であり、そうした典型例にあたる書き込みを素早く削除できる仕組みをつくることは、それはそれとして重要である。しかしその一方で、一つひとつは必ずしも明確なヘイトスピーチに至らないものであっても、多くの人が同様の否定的な表現を大量に用いることで、そこで攻撃対象とされた属性を持つ被害者が追い込まれるという事態への対応も、避けて通ることはできない。

なお言うまでもないことだが、こうした「殺到型」の人権侵害あるいはヘイトスピーチについて対応を考えるということは、たんに人権侵害やヘイトスピーチに該当する表現の範囲を広げることを意味するわけではない。むしろ「殺到型」の人権侵害やヘイトスピーチが提起しているのは、既存の法制度において前提されていた加害と被害の対称性が崩れた場合に、それに対してどのような制度的な対応を行うべきかという問いである。

5⋯⋯⋯おわりに ── ヘイトスピーチとガバナンスの交錯

以上、やや駆け足ながら、ヘイトスピーチ対策とネット空間のガバナンスの変化という2つの異なる文脈から、ネット上のヘイトスピーチというテーマについて考えてきた。こうしたアプローチを採用したのは、この問題について考える際にはここで見てきたような異なる文脈の両方を押さえることが必要だと考えるからだが、実際には担当省庁も関心を持つ政治家も発言する専門家も、文脈ごとにそれぞれ個別に分かれてしまいやすい。特に日本では、こうした傾向が強いように思われる。

しかし問題の適切な把握という点で言えば、ネット空間のガバナンスの問題を抜きにしてネット上のヘイトスピーチ対策を考えることはできないし、

ヘイトスピーチの問題を抜きにしてネット空間のガバナンスの問題を考えることもできない。2020年代のネット上のヘイトスピーチ対策においては、こうした異なる文脈の議論をいかに適切に結びつけ、具体的な解決につなげていくのかが、これまで以上に問われることになるだろう。

第2章

女性に対するネット暴力の現状
── 誹謗中傷にさらされた当事者のケースから考える

石川優実………俳優／アクティビスト／#KuToo署名発信者

1………初めての誹謗中傷

❶2ちゃんねるに書かれた誹謗中傷

　私が初めてネット上での自分に対する誹謗中傷を見たのは、「2ちゃんねる」というネットの掲示板で、2005年頃だった。

　私は、18歳の頃から29歳くらいまで、グラビアの仕事をしていた。2ちゃんねるには、知らない人たちが匿名で私についてあることないこと語っていたり、容姿に対する侮辱的な言葉、セクハラがたくさん載っていた。

　初めて見つけたときのショックは忘れられない。

　普通に暮らしていたら、「誰かが私の悪口を言っていた」くらいのことを知ることはあるかもしれないが、私のことを好き放題言っているその現場に遭遇することは、あまりないと思う。

　そこに書き込んでいる人たちも、全世界に公開されている場だということにもかかわらず、何を言ってもよいと思っているように思えた。しかし、顔を出して本名で、面と向かって私に言ってくる人は一人もいなかった。

　当時は今よりももっともっと「そんなものは無視すればいい」という風潮が強かったので、誰かに相談することはできなかった。むしろ、「気にする自

分が悪い」「そんなふうに言われないようにすればいい話だ」という人も多かった。

　しかし、自分について、画像などを載せて侮辱的な言葉がたくさん並んでいる場所がこの世に存在していること自体が、大きなストレスになっていった。

　「こんな仕事しかできない恥ずかしいやつ」「親に言えるのか」「ブサイクなんだからはやくAVに落ちろ」「よくその容姿でタレント目指そうと思ったな（笑）」。こんな言葉が並んでいた。

　そんな場所があることを知った以上、忘れることはできなかった。常に私の頭のなかには、その黒い存在が居座ることになる。

❷「そういう仕事だから仕方がない」のか？

　そして、時がたつにつれて、ブログやSNSを多くの人が使うようになった。インターネットは、特別なツールではなく使うことが当たり前、という社会へ変化した。目につかない場所で行われていたはずの誹謗中傷は、私のもとに直接届くようになった。

　しかし、世間の風潮は相変わらず「そういう仕事をしているのだから仕方がない」だった。「有名税だ」と言われた。有名だとそんな税金を払わなければいけないのか、よく考えれば全然意味のわからない言葉だ。

　特にTwitterをやるようになってからは、私だけではなく多くの女性タレントたちが心を病んでいった。返事を返さないと怒る、応援していることを理由に言うことをきかせようとする、体型について言及する（痩せたほうがいい、太ったほうがいいなど）、セクハラコメントを送る。そんな「ファン」がたくさんいた。そして、女性たちは「うまくかわすように」と指導された。失礼なことをされても、怒る人なんていなかった。

　見ないふりをする。泣き寝入りをする。笑いながら聞いたふりをする。それしか方法がなかったし、知らなかった。コメント欄を閉じる人もいた。ただ、その人には誹謗中傷も届かないけれど、正当な批判や応援の声も届かな

い。こうしたことによって、芸能の仕事をやめていく人もいた。匿名の誹謗中傷は、人の人生を変えるには十分だと思う。

2……声を上げるようになって
嫌がらせの種類が変わった

❶侮辱に加えてデマも流された

そんななか、私は2017年に「#MeToo 私も」(https://ishikawayumi.jp/20171221metoo/)という記事を書いた。自分が芸能界で受けてきたセクハラや性暴力について告白をしたのだ。それをきっかけに、女性差別やジェンダーの問題を勉強し始めた。

日本はジェンダーギャップ指数ランキングがとても低く、女性差別がたくさんあるんだということを知り、フェミニズムについて発信をしていくようになった。しかし、それをきっかけに明らかにオンライン上でのハラスメントの種類が変わっていった。

これまでは、私の容姿や仕事に対しての侮辱が多かったが、それらにプラスして、デマをたくさん流されるようになった。よく見かけるのは、私が言ってもいないことについての批判（ストローマン論法〔後述〕）だ。

具体的な例で言うと、私が「#KuToo」という「職場で女性のみにヒールを義務づけることは女性差別だ」という抗議署名を始めたときに、以下のようなツイートが投稿された。

「活動を始めたきっかけ（まとめ）

葬儀会社のアルバイトに雇われる

↓

スニーカーで葬儀に行く

↓

失礼だからやめろと言われる

↓

Twitterで吠える　#KuToo

アホかな?」

　このなかで実際にあったことは「葬儀会社のアルバイトに雇われる」のみであり、スニーカーで葬儀に行ったことはないのだから、「失礼だからやめろ」と言われたこともない。

　このように、実際には起こっていないことを実際にあったかのように批判することをストローマン論法と言う。これは、この投稿者が本当に勘違いして思い込んでいるのか、嘘を言っていることを理解してつぶやいているのかはわからない。

　そのほかにも、検索エンジンに「石川優実」と入力すると、検索予測で「詐欺師」と出る時期があった。活動をするうえで活動費を支援していただいたことがあるのだが、それを生活費に使った、とデマを流す人たちがいて、それを信じた人たちが「詐欺師だ」と言っていたのだ。

　支援していただいたお金の使途はきちんと出したが、一度広まった詐欺師という印象はなくならない。「石川優実は支援金を生活費に使った」というようなツイートはたくさん拡散されるのに対して、私がツイートしたお金の使途を掲載したTwitterは全く拡散されない。

　そういったこともあり、たくさんの人が「石川優実は支援金を生活費に使った人」という印象を持ったのではないか。

❷ストローマン論法のスパイラルに陥る

　さらに、これらに対して「デマを流したり、やってもいないことをやったかのように言うのはやめてください」と言うと、「批判されたくないなら活動をやめればいい」という「批判に見せかけたストローマン論法」が飛んでくる。

　やめてほしいのは「デマや嘘を言いふらすこと」であって批判ではないのに、私のことを「批判しないでと言った人」ということにされ、またデマを

流される、というストローマン論法のスパイラルに陥る。

　何を言っても、言ってないことを言ったかのようにされ、私の気持ちは「もう喋るのをやめよう」となってしまう。そしてそれこそが、相手の目的でもあると思う。

　こうやって一生懸命説明しても、みなさんにはとてもわかりにくいことだと思う。このように、デマか本当かを見分けるのはとても難しいことだ。特にTwitterは、140字という短文だ。私が長々とデマであることを説明したところで、理解されなかったりすべて読まれなかったりして、誤解を解くことが本当に難しいと感じている。

　私たちも、誰かが誰かについて批判をしているときは、本当にそれが真実かどうかを見極めるのは難しい。手間のかかることだが、一つひとつ一次ソースを確認する必要があるだろう。

　こういったデマは、放っておくと本人の人生を大きく壊すことになる。実際に私は詐欺をしたことがないのに、詐欺師だと思っている人がたくさんいるのだ。詐欺師とは仕事をしたくない人は多いだろうし、詐欺師の話を聞く人はいないだろう。意識的か、無意識的にかはわからないが、それもデマを広める人の目的なのだろうと感じる。

　こうしたデマへの対処は、「相手にしなければいい」ではない。「確実でないことは拡散しない」というスタンスを徹底することが重要だ。

3⋯⋯⋯DV加害に似たサイバーハラスメントの手法

❶被害者を孤立／分断させる手口

　もう一つ、非常に多い手口は「あなたは（この人は）みんなに嫌われています」というように「みんな」ということを強調することで、私に自信をなくさせたり、「嫌われ者」という印象をつけようというものだ。

　こういうことを言う人たちは、「自分がそう思っていること」をあたかも「みんなそうだろう」と思わせるようなコメントをする。

とにかくターゲットを孤立させようとし、分断を煽る。実際に私は一時期、外で知らない人と話をする機会があると「この人は私のことを嫌っているだろうか」という考えが常によぎった。

仕事で誰かに関わったりするときは、その人が「私と関わりたくないと思っているんじゃないか」「迷惑がっているんじゃないか」と考え、あまり積極的に人と交流を持たないようにもなった。

❷「ガスライティング」── 自己責任を刷り込む

似たような例で、「#KuTooはお前がやったから失敗したんだ」と言い続ける人もとても多かった。一体何をもって失敗だと言っているのかわからない。国会にも取り上げられ、パワハラ防止法のパンフレットにも掲載され、企業も動き、実際にパンプスを履かなくてもよくなった人が明らかにいるのだが、「#KuTooは私のせいで失敗した」らしい。成果の事実を見ると、まだまだ道半ばではあるが失敗とは言えないはずだ。しかし、このように根拠を出さなくても自信満々に「失敗した」と言い続けることによって、本人を混乱させる効果がある。

これは、DVによく見られる心理的虐待の一つである「ガスライティング」にとても似ている。ガスライティングとは、イングリット・バーグマン主演の映画「ガス燈」に由来する言葉だ。誤った情報を信じ込ませることで、被害者の方が自分を責めるように仕向けるコントロール行動のことだ。

❸「監視」という暴力

そのほかにも、社会的DVの一つに「行動を監視する」という行為がある。私はアンチ・フェミニストのアカウントをフォローすることはないのだが、私を誹謗中傷するアカウントの多くは私をフォローしてくる。私の言動を監視するのだ。

先述した「あなたはみんなに嫌われている」というものも、被害者を孤立させ、相談にたどり着けないようにする社会的DVと非常に似ている。DV加

害者の多くは、あたかも自分に過失があったと思い込まされ、友達や実家と連絡を取ることを躊躇してしまうのだ。

　精神的DVやモラハラについて調べていると、オンライン上での女性への嫌がらせと似ていることが非常に多い。DVも被害者の多くが女性で、その背景には男尊女卑社会の構造が影響していることが多いからなのだろうか。

4………弁護士依頼のハードルの高さ

❶初めて弁護士へ相談する ── 「#KuToo」運動へのコミットを契機に

　2019年6月、私は厚生労働省に「職場で女性のみにパンプスを義務づけることは女性差別である」として、19,000通近く集まった署名を提出した。記者会見もしたので、ニュースで取り上げられ、翌々日には国会でも取り上げられた。その際、根本匠厚労大臣（当時）が、女性がパンプスを義務づけられることに関して、「社会通念に照らして業務上必要かつ相当な範囲かと思います」と答弁した。

　それを海外メディアが取り上げ、「日本の大臣が、女性が職場でハイヒールをはかされることを容認した」などと報道した。これに、「右翼をはじめとした保守的な人たち」が強く反発した。私のもとには、日本国旗がついたアカウントの人たちなどから、多くの誹謗中傷が届いた。当時私が働いていた葬儀会社を突き止めようとするアカウントも現れた。それによって会社に迷惑をかけるんじゃないかと思った私は、葬儀会社を退社した。

　このときに初めて、弁護士に相談するということに至った。それまで、たくさんのネット上の嫌がらせに遭っていたが、弁護士に相談するという発想が全くなかった。ここで初めてその案を教えてもらった。まさか、ずっと遭ってきたものが弁護士に相談するようなものだとは思わなかったからだ。

　たくさんの誹謗中傷ツイートを用意して、2019年6月頃に相談に行った。弁護士はとても理解のある人で、これまでもTwitterなどでの嫌がらせに対応していた。

しかし、いろんな人から話を聞くと、弁護士によってかなり差があるらしい。2020年5月、ある女性タレントさんが誹謗中傷などを理由に自死を選んだことをきっかけに、当時よりはネットの誹謗中傷を許さないという風潮は強くなった。しかし、それでもTwitterをやめることをすすめるような弁護士もいると聞いた。現在、SNSは様々な使われ方をし、仕事をするうえでも欠かせないものとなっている。被害者がそれを諦めなければいけないのはやはり理不尽であるし、せめて弁護士には味方でいてもらいたい。

❷「被害者が自分の被害を説明する」ことの苦痛

いろいろな人が心配してくれて、いろいろな弁護士の方を紹介していただいた。弁護士と関わっていくなかでとてもしんどかったのは、誹謗中傷の証拠を集め、それを見せながら一つひとつ説明をしなければいけないということだった。

ただでさえ自分に投げつけられる悪意で心がズタズタなのに、それを集め、自分の携帯のフォルダに保存し、ときには印刷などし、それを見せながら弁護士さんに一つひとつ説明していく。私は途中で、「これは無理だ」と思ったので、お金を払って仲の良い友人にすべての管理をお願いした。弁護士に相談をするときも基本的には同行してもらうことにもした。かなり負担は減ったが、これもみんなができるかと言ったらそうではないだろう。

どうしても被害者にばかり負担がいってしまうのはネットの上の誹謗中傷に限らないとは思うが、なんとかならないものだろうか。

❸莫大な裁判費用

また、費用がとてもかかってしまうことも大きな負担だ。相手がわかっているような場合はまだしも、ネット上の誹謗中傷はほとんどが匿名だ。まずその人物が誰なのか、突き止めるところから始まる。そのハードルがあまりにも高すぎるのだ。

私への誹謗中傷は主にTwitterが中心だった。Twitterでの匿名アカウントを

開示するには、最低2回の裁判が必要だ。

　Twitter社側も、利用者の個人情報を簡単には開示できない。そのため、まず裁判所からTwitter社へ仮処分という裁判手続きを行わなければならない。裁判所からの命令が必要なのだ。命令が出て初めてTwitter社からIPアドレスが開示される。

　ここまででまず30万円がかかる。もちろん、違法性がないと見なされ、開示されないこともある。その場合。30万円は無駄になってしまう。

　まず、この30万円を用意することはとても大変だ。私はありがたいことに、訴訟のための寄付を募りたくさんの方にご協力いただいた。だから法的措置に踏み切れたが、こんな大金を使えない人はたくさんいるだろう。

　匿名の誹謗中傷に対して一件一件対応するのは心理的にも経済的にも被害者の負担がとても大きい。したがって、もっと根本的な解決方法が必要だと思う。

　IPアドレスが開示されたら、次はアクセスプロバイダへの請求だ。アクセスプロバイダとは、インターネットへのサービスを提供している企業のことを指す。プロバイダがIPアドレスを使用者に割り振っているので、IPアドレスをもとに契約者の情報を開示してもらうことになる。

　こちらも匿名アカウントの開示と同様、裁判所からの判決がなければ開示がなされない。そのため、ここで2回目の裁判が行われる。この裁判で開示の判決が出れば、やっと匿名アカウントの情報にたどり着けるわけだ。

　こちらの裁判には約20万円かかる。合計で50万円だ。もちろんこれは、アカウント1件につきだ。ちなみにここまでで、半年から1年かかると言われている（これは私の例であり、弁護士や状況によって変わってくるそうだ）。

　相手が判明して、そこから通常の名誉毀損の訴訟を起こしたり、侮辱罪なり脅迫罪などの刑事告訴をすることができる。もちろん、こちらの裁判もまたさらにお金がかかる（示談になる場合も多いと聞く）。

　ここまでお金と時間をかけて、それでも対処できるのは1件のみだ。1件きちんと勝てば、他の匿名アカウントへの牽制になることもあり得るが、それ

でもやめない人はやめない。それに、これらの裁判の最中も誹謗中傷は続いていく。結果に時間がかかり、もどかしい気持ちをしている間にも、精神的負荷はかかり続ける。もっと被害者の負担を減らし、「インターネットで他人を傷つける行為はしてはいけない」という認識を広めていかなければならないと強く思う。

❹玉石混交の弁護士

また、弁護士に依頼をした件で、お願いしていたのに4ヵ月も申し立て手続きをしてくれないということもあった。IPアドレスはもう消えてしまっているだろうから、ということで解任したのだが、ほかの弁護士にお願いをしていたら順調に開示請求できていたかもしれない。

委任契約書には、お金の返金には応じないということが書いてあったが、ほかの弁護士に返してもらえると教えていただき、返金を要求した。ほかに相談する人がいなかったら、「契約書に書いてあるし……」と請求せずに終わらせていたかもしれない。素人に判断できないようなことが多いのは、とても怖いことだ。

こういった予期せぬトラブルもあり、とにかく被害者にとって情報開示請求の負担は大きいと感じた。

5……警察に行った話

❶丁寧だった警察の対応

たくさんの誹謗中傷のなかでも、特に悪質なものがあった。「レイプされろ」「コロナにかかって死ね」などというものだ。こういったものに関しては、警察へ相談に行った。

私は以前、性暴力被害の相談に警察に行ったときの対応がひどかったこともあり、相談に行く際しては、信頼している人についてきてもらってなるべく自分は説明しなくてもいいように状態を整えていった。

今回私が相談した警察官は比較的若く とても親切な方で、丁寧に話を聞いてく れた。被害を軽視するようなことも言わ れなかったし、「スルーしろ」など、こち らの行動を変えさせるようなことも一切 なかった。

後日電話が来て、Twitter社へ情報開示請 求をしてくれたらしいのだが、緊急性がな いとして対応してもらえなかったそうだ。

このとき、私の実家の住所を書いたも のも提出したので、東京で一人暮らしを している家と実家の住所を防犯登録して くれた。何かあった際に、状況を説明す ることなくすぐに警察官に来てもらえる ようになるらしい。それだけでも、少し 心は軽くなった。

図表2-1………石川優美さんに 向けられた 悪質なツイート

❷相談事例は警察サイドの蓄積にもなる

過去に相談に行ってひどい対応をされたことのある人は、警察に相談に行 くのは勇気がいることかもしれない。警察に一緒に行ってくれる弁護士もい るようなので、相談してみて欲しい。

今回、具体的な解決につながったわけではないが、丁寧に対応してもらっ たことで自分も安心できたこと、そして「こういう相談があった」という事 実は残せたのでよかったと思う。

このような相談件数が増えれば、警察側も何かしらの対応を取るかもしれ ない。地道な作業ではあるが、今後も何かあったら相談したい。「何かあった ら相談できる先が身近にある」ということは、安心して暮らしていくために とても重要なことだと思った。

6……法的措置ができない 嫌がらせの範囲が広すぎる

❶オンライン上の粘着行為にストーカー規制法が適用されるべき

　サイバーハラスメントで一番苦労し、自分自身どうしていいのかわからず途方に暮れたのは、法的措置ができる嫌がらせの範囲が狭すぎる、ということだ。

　例えば、知り合いのフェミニストは名前を出さずに活動しているのだが、投稿を引用され「今、こいつのことを調べてもらってます。差別思想の塊のこいつを黙らせるようにしないと、フェミニズムが壊れてしまう！」というデマの投稿をされた。「プライバシーを詮索されるのではないか」ととても怖がっていたが、法的には何も対処ができないとのこと。

　同じように、DMでしつこく嫌がらせメッセージを送ってこられるような場合も、閉ざされた場所であることから名誉毀損が適用されず、あからさまな脅迫などでないかぎり対応のしようがないと言われた。

　また、ブロックしても新しいアカウントを使ってフォローしてくる、SNSに投稿するたびに否定的なコメントをたくさんつける、「コメントしないでください」と何回言ってもやめない、などのネットストーカーのような行為も、今のところ対応策がないそうだ。

　男性でも、女性差別に反対する発信をしている人はいるが、男性に対してはこのような「粘着行為」はあまり見られないそうだ。一時的にたくさんの嫌がらせコメントがつくことはあるが、それが長く続くことはなく、同じ人がずっと自分にコメントし続けることもやはり女性に比べたら少ないと、女性差別について積極的に発信する男性が言っていた。

　オンライン上での粘着行為も、ストーカー規制法の一部に適用されることが必要なのではないか。

　投稿をするたびに悪意のあるコメントが溢れる。特別ひどい、わかりやすい侮辱ではなくても、たくさん浴びせられると心が疲弊してしまう。

❷ヘイトは「正当な批判」なのか?

　自分の顔が映った写真を載せるたびに「しわがすごいですね」「不快なので載せないでください」などのコメントが大量についても何も対応がなされない。それを「正当な批判」と言ってしまう人たちも非常に多い。顔の写真を載せたら、そのようにコメントされても仕方がないそうだ。自分たちがする嫌がらせの原因を、常に被害者のせいにする。男性に対してはほぼしない「批判」を、女性には大量に送ることの、どこが正当な批判なのだろうか。

　このような状況がずっと続くと、まるで自分がただ存在することさえ許されていないかのように思えてくるし、もう投稿をやめようと思ってしまう。

　これはオンラインのハラスメントに限らないが、こうやって女性の自己肯定感がどんどん奪われていくのだと思う。

　女性が必要以上に容姿のことを気にせずに、男性と同等に、SNSを楽しめる日は来るのだろうか。

7……「そんなのは無視すればいい」と 声をかけることの暴力性

❶誹謗中傷は被害者のせいではない!

　執拗なTwitterのダイレクトメールをTwitter上に載せたとき、このようなリプライが来た。

　「そんな低俗なものに関わると、自分の評価も下がるよ。無視すりゃあいいものを」。

　インターネット上の誹謗中傷を受ける被害者に対して、長いこと言われてきた言葉だ。「有名税だから仕方ない」「反応するから増えるんだ」「言い返したらあなたも同レベル」「無視すればいい」「気にするほうが悪い」——インターネットでの誹謗中傷というものが知られるようになった今日まで、このような意見が非常に多かった。そしてそれゆえ「おかしいんじゃないか」と思う人たちや、誹謗中傷を受けて傷ついている人たちの声を黙らせてきた。

さらにこうしたアドバイスが「親切心」と思っている人の非常に多いことが、さらにやっかいさを増加させている。

　性暴力などの被害でも言えることだが、被害者に原因があるかのように「アドバイス」をする人たちが非常に多い。

　しかし、おとなしい格好をしても、明るい道を歩いていても、スカートを履かなくても性暴力に遭うことがあるように、問題の原因は被害者の側にあるわけではないのだ。

　実際にこれまで、どれだけの人たちがインターネットでの誹謗中傷を無視してきたと思っているのだろうか。見ないふりをし、言い返さず、気にしないように耐えてきたと思っているのだろうか。そうしてきた結果、インターネット上の誹謗中傷はなくなったとでも言うのだろうか。

　多くの人を黙らせ、問題を顕在化させず、被害者に我慢を強いてきた結果、ついに死を選ぶ人が出てきたのではないか。

　このような「アドバイス」は、問題が解決をしないうえに、被害者をもう一度傷つける。上記のような「アドバイス」は、「黙って我慢をする」という選択肢にしかならないわけだが、被害を受けた人は黙ってサンドバッグになり続けろというのだろうか。無視をして一体、何がどうなるのだろうか。

❷誰のためのアドバイスなのか?

　誹謗中傷は、受けた時点ですでに心に傷がつく。そのあと言い返さないことで傷が癒えるのだろうか。

　さらに、こういった際によく使われる「どっちもどっち」という言葉。私に投げかけられた「自分の評価も下がる」も同じだが、なぜ言い返すと被害者の評価も下がるのだろうか。

　先に嫌がらせをした人と、それに対して言い返した人が同じ評価になるとは一体どういった理屈なのだろうか。

　それはそのほかの犯罪被害者にも同じことを言うのだろうか。

　こういった言説は、いつでも加害者にとって都合の良い環境を作り出すた

めにとても役に立つ。被害者が黙って被害を訴えずにいたら、世論も変わらなければ法整備も進まない。

「その『アドバイス』はいったい誰のためになるのか?」を慎重に判断して声をかけるよう、心がけたいと思う。

8……バッシングが来ることを知っておくことの大切さ

❶闘いが連帯を作る

私はバッシングがひどくなった当初、Twitterの引用リツイートという機能を使って返信をしていた。自分のフォロワーに対して、自分が言い返しているところを見えるような形にしていたのだ。

よく、「なんでそんな誹謗中傷に丁寧に返信しているんですか?」と聞かれるのだが、私は誹謗中傷をしてくる人と対話をしているつもりはない。それよりも、自分のフォロワーに「女性差別に対して声を上げると、こういったバッシングが大量にくるんだ」ということを知ってもらうためにやっている。

「#MeToo」や「#KuToo」をはじめ、様々なムーブメントが起こるなか、SNSを使って声を上げる人がとても増えてきている。そして、そのたびに必ずと言っていいほどものすごいバッシングが起こる。女性差別を指摘したら、むしろ反発がないほうがおかしいのだ。

そんななか、とてもうれしい声をいただいた。「石川さんが誹謗中傷に遭っていることを可視化してくれたから、いざ自分のところにバッシングがきたときに、そこまで深刻にならなくてすんだ」というものだ。

何が起こっているのか知らずにたくさんのバッシングが来ることと、「絶対くるだろうな」という覚悟があるところにバッシングが来るのでは、やはり違うのだ。ただ、だからといって許されるものではないのは当然だ。

❷誹謗中傷の存在を知らせることの意味

しかし、事前に誹謗中傷の存在を認識しておくこと、誹謗中傷はされる側

ではなくする側が悪いということ、嫌がらせを受けたときは言い返してもいいということを知っておくことは、自分の心を守るためにとても有効な手段なのではないかと思う。

　私はTwitterを主な発信場所として使っていたのだが、Twitterの仕様上、その人への誹謗中傷がとても目につきにくい。タイムラインに流れてくるツイートを見ただけでは、どんな言葉が投げつけられているのかわからないのだ。

　なので、ある日私がたくさん誹謗中傷を受けていることを知って、「コメントがたくさんついていることは数が表示されているから知っていたけど、応援コメントとばかり思っていた」とびっくりされたことがあった。私が引用リツイートの機能を使ってみんなに見せるような形にしなければ、存在が伝わらないのだ。誹謗中傷の存在を知らなければ、被害に遭っている人を励ましたり、一緒に闘うこともできない。

　私がみんなに見せるためにリプライをわざわざ引用リツイートすると、相手はよく「晒すな」と言ってくる。リプをした時点で全世界に晒しているのに、だ。多くの人の前に出されて困るようなものは、そもそも書くなと言いたい。本当は自分が嫌がらせをしているということを、心のなかではいけないことだとわかっているからこその反応なのだろう。

9……誹謗中傷に負けないために

❶「避難ルーム」でつながる仲間との出会い

　まわりの人たちが私をこんな状況から救い出してくれた。応援メッセージをまとめて色紙にして家にプレゼントしてくれたり、SNSアカウントを代わりに管理して、私が嫌なメッセージや誹謗中傷を見せないようにしてくれたり、応援コメントは転送してくれたり。

　また、LINEのオープンチャットという機能を使って避難ルームを作っている。匿名で入れるルームで、検索にも引っかからないようになっている。

Twitterなどでひどい誹謗中傷に晒されている人がいたら誘うのだ。

ルーム内では「あなたは何も悪くない」と励まし合っている。誹謗中傷に遭っていると、何も問題がなくても自分を責めてしまうからだ。

先述したが、ネット上で嫌がらせをしてくる人たちはなんとか孤立させようとする。それに対抗するには、こちらがきちんとつながっておくことがとても重要だ。

落ち込んでいるときは、自分が落ち込んでいることにも気づけないことがある。私は当時、頭のなかを常に誹謗中傷が支配していた。だけど、それを自分で認識することができていなかった。

もしも誹謗中傷を受けて、自分はすべての人に嫌われているんじゃないかと落ち込んでしまう人がいたら冷静に考えてほしい。

匿名の人が、日本中のすべての人にアンケートをとったわけがない。

たとえ迷惑がっている人がいたとしても、同時に感謝を伝えてきた人もきっとたくさんいるし、連帯してくれる人もたくさんいる。自分のことを嫌いな人は当然いるけど、自分のことを好きだと言ってくれる人もたくさんいるはずだ。そのことを常に思い出してもらいたい。

❷「愛の爆弾」でヘイト対抗 ── スウェーデンでのケース

スウェーデンで、「#JagÄrHär（ヨーエーヘール／私はここにいます）」というコミュニティがあるそうだ。ヘイトが助長されたり、対立が煽られたりしがちなSNS上のコメント欄をポジティブな方向に導くため、地道なアクションを続けているコミュニティだ。SNSなどでバッシングや嫌がらせ、差別的なコメントを受けている人や投稿を見かけたら、メンバーたちが複数人で一緒に入っていって、建設的な書き込みをするのだという。これを「Kärleksbombning（愛の爆弾）」と呼んでいる。

そういったコメントが増えれば、投稿者には建設的なコメントや応援コメントが目に入るようになる。そうすれば、「もう発言をするのはやめよう」と考えてしまうことを阻止することができる。

❸傍観することは加担すること

　大切なのは、「誰もが安心して自分の思ったことを言える場所を作ること」。デマや人格、見た目に対してひどいことを言う、しつこくコメントをし続けるという場所は、とても安心な場所とは言えない。それらを「正当な批判」と称して、女性たちの声を奪おうとする声や動きはとても大きいが、みんなで連帯すれば乗り越えられることもあるだろう。そういった動きが、日本でも必要ではないかと感じる。

　誹謗中傷やデマを流すことは、「する側が悪い」ということを大前提としていても、この社会の風潮を見ていると「こういうことをされるのは、自分が悪いからなのではないか」と思ってしまう人は多い。

　そんなときは、まわりの味方になってくれる人たちに助けを求めて欲しい。そして、もしも身近に誹謗中傷にあっている人がいたら、声をかけてあげて欲しい。助けてあげて欲しい。「助けて」と発信することすら誹謗中傷の対象となり、SOSを出すことさえできなくなっている可能性があるのだ。傍観することは加担することだと自覚し、行動して欲しい。

第3章

ネット社会で
深刻化する部落差別

川口泰司⋯⋯⋯山口県人権啓発センター 事務局長

1⋯⋯⋯「部落差別解消推進法」施行から5年

　2016年12月に「部落差別解消推進法」が成立・施行した。同法第1条に「情報化の進展に伴って部落差別に関する状況の変化が生じている」とあるように、ネットを悪用した部落差別の悪化・深刻化が大きな立法事実となった。

　今、SNS上では、部落に対するデマや偏見、差別的情報が蔓延し続けている。この間、部落問題について「無知・無理解」な人ほど、そうした偏見やデマを内面化し、差別を正当化する情報の影響を受けているということがわかってきた。

　また、ネット版「部落地名総鑑」「部落人名総鑑」が作成され、ネット検索で容易に「どこが部落か」「誰が部落出身者か」などの身元調査・土地差別調査が可能な状況になっている。

　さらに、ネット上の部落差別が放置されていることで、現実社会での差別がエスカレートしている。現実社会では許されない差別行為でも、ネット上では野放し状態となった結果、これまで積み上げてきた人権基準が破壊され、現実社会に深刻な影響を与えている。今後、「部落差別解消推進法」を改正し

「差別禁止」規定を盛り込み、国や地方自治体、企業、専門家などが協力し、課題解決に向けた総合的な取り組みが急がれる。

2………暴き・晒される被差別部落（出身者）

　現在、ネット上では「部落地名総鑑」が作成され、結婚や就職時の身元調査、不動産取引における土地差別調査に悪用されている。「Googleマップ」や「Yahoo!地図」に被差別部落がマーキングされ、「部落出身者リスト」まで

図表3-1………**ネット上で晒される部落出身者の情報**

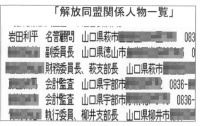

全国の部落解放同盟員1,000人以上の
個人情報が掲載。

全国の市町村別の部落出身者の
名字リスト。

「部落探訪」と称し、全国の被差別部落の地名や民家、
動画などをブログやYouTube、Twitterに晒す。

もが作成されている。

「解放同盟関係人物一覧」などでは個人名や住所・電話番号などの個人情報がネット上に晒され、「同和地区と関係する人名一覧」など、市町村別の部落出身者の苗字リストまでが作成されている。さらに、「部落探訪」と称し全国の被差別部落に潜入し、個人宅の表札や墓石、地図までも YouTube や Twitter などにも晒されている。

3⋯⋯⋯⋯「全国部落調査」復刻版差別事件

❶『復刻　全国部落調査』を Amazon で予約受付（2016年2月）

このように被差別部落のアウティングを公然と行い続けているのが鳥取ループ・示現舎である。鳥取ループとはブログ・Twitter のアカウント名で、Mという人物が名前と住所を公表して発信を行っている。示現舎とは、Mが共同代表の出版社名である。

鳥取ループ・示現舎は2016年2月、通販サイト Amazon に『復刻　全国部落調査──部落地名総鑑の原典』（以下、『復刻版』と言う）を同年4月に出版するとして予約受付を開始した。同時に、ネット上に「同和地区wiki」として全国の被差別部落の地名一覧を公開した。

「全国部落調査」とは1935年に政府の外郭団体（中央融和事業協会）が実施した部落の実態調査の報告書である。1930年代の全国5,300ヵ所以上の被差別部落の地名や戸数、職業等が記載されており、表紙には「マル秘」と書かれている行政の内部資料である。この本が悪用され1970年代に『部落地名総鑑』が作成・販売され、200社以上の企業等が購入し、部落出身者の就職差別を行っていた。いわゆる「部落地名総鑑」差別事件の原点となった書籍である。鳥取ループは、当時の「全国部落調査」に現在の地名を加筆し、「同和地区wiki」（ウェブサイト）で公開し、さらに『復刻版』として出版しようとしていた。

図表3-2·········『復刻　全国部落調査 —— 部落地名総鑑の原典』の
　　　　　　　予約受付をするAmazonサイト

図表3-3·········ウェブサイト「同和地区wiki」で晒された「全国部落調査」

部落所在地	部落名	戸数	人口	主業／副業	生活程度	現在地
三島郡 吹田町	▓▓	63	270	日傭／下駄職	中	吹田市 ▓▓
三島郡 高槻町	▓▓	57	140	農業／日傭	下	高槻市 ▓▓
三島郡 島本村	▓▓	49	306	農業／藁細工	下	三島郡 島本町 ▓▓▓
三島郡 鳥飼村	▓▓	17	92	商業／農業	下	摂津市 ▓▓▓

【大阪府】昭和十年三月現在　「同和地区Wiki」

❷『復刻版』出版禁止の仮処分命令

　鳥取ループは2016年2月にAmazonで予約受付を開始したが、多くの人がAmazonに取引中止を求め抗議した結果、数日後にAmazonは取引中止とした。その後も、彼らは出版をあきらめなかったので、部落解放同盟（以下、「解放同盟」と言う）が裁判所に出版禁止と「同和地区wiki」削除の仮処分を求めた。出版予定の3日前（3月28日）に、裁判所から出版禁止の仮処分命令が下された。「同和地区wiki」のウェブサイトも同年4月に削除の仮処分命令が下された。

　出版禁止の仮処分命令が出されると、鳥取ループは出版予定の『復刻版』の本のデータをPDFファイルにして、ネット上に無料でばらまき、拡散を呼びかけた。その結果、ネット上にはコピーサイトや部落の所在地情報が拡散され続ける状況となった。2016年4月、解放同盟員ら249名（原告248名＋解放同盟）がプライバシー侵害、名誉毀損等の民事訴訟を行い、2021年9月27日に第1審判決が出された。私も原告の一人として彼らの行為の差別性を裁判で訴えてきた。

❸「部落探訪」動画・画像（ブログ234地区、動画134ヵ所、2021年8月4日現在）

　裁判所からの出版禁止・ウェブサイト削除の仮処分命令後も、鳥取ループは「部落探訪」と称し、全国の被差別部落の動画や写真を地名入りでアップし続けており、234ヵ所以上の部落が被害にあっている。動画は毎回、数万から数十万の閲覧数があり、それらで広告収入も得ている。多くの人たちが削除要請を行っているがいまだにYouTubeは削除していない。

❹身元調査に悪用

　鳥取ループは、「部落地名総鑑を公開しても差別なんか起きない」と主張している。しかし、すでにネット上では「どこが部落か」「部落出身者かどうか」を調べるためにウエブ版『復刻　全国部落調査』や「同和地区wiki」の情報が悪用され、結婚相手の身元調査や不動産取引における土地差別調査（同和地区か否かの調査）、行政等への同和地区問い合わせ事件が各地で起きて

いる。

　教育現場でも様々な差別事件が報告されている。関西のある大学では、学生がネット上の「部落地名総鑑」「部落人名総鑑」を利用して、自分や友人、恋人などが部落出身でないかを調べ、レポートを提出していた。大阪府内の中学校でも生徒が興味本位で地元の同和地区を調べ、学校で部落出身者暴きをしていた事件も起きている。同様の事件は全国の教育現場でも起きており、各地で報告されている。

⑤結婚差別・身元調査

　鳥取県内の町役場では、ウェブ版『復刻　全国部落調査』を見た人物から身元調査の問合せ電話がかかってきている。電話の主は、自分の娘の結婚相手がその町の出身で、「ネットで調べたら同和地区一覧に出ている地名なので、本当にこの地区は同和地区かどうか教えて欲しい」と問い合わせてきた。

2018年12月末、東海地方の20代の女性が両親に婚約者を紹介し、家族はお祝いムードだった。しかし、父親が婚約者の住所をネット検索したら同和地区であるとこがわかり、猛反対し始めた。女性は地元の自治体に相談し、事件が発覚した。

❻『復刻版』がメルカリで販売（2019年1月）

2019年1月、鳥取ループが拡散した『復刻版』のデータをもとに、別の人物が製本化し、「メルカリ」（ネット通販）で1冊3,000〜5,000円で販売していた。

出品者は佐賀県の高校生3年生（出品時）であり、関係者に大きな衝撃を与えた。出品者は高校1年生の社会科の授業

図表3-5……… メルカリにおける
『復刻版』の販売

後、ネットで『復刻版』を見つけ興味を持った。鳥取ループがオンデマンド印刷で1冊からでも製本できる方法を掲載していたので、それを参考に製本化し出品していた。

出品者は「部落差別はもうない。だから地名を出しても差別は起きない」という鳥取ループの考えに共感し、「小遣い稼ぎのため、軽い気持ちでやった」と証言している。

❼「部落マップ」の販売（2020年8月、各県1,000円）

2020年8月には、Googleアースを使い都府県別の部落の地図が作成され、1県700〜1,000円で販売されていた。最近ではYouTubeやTwitter、Instagram上にも、部落を撮影し、アップする人たちが増えてきている。このように鳥取ループの影響を受けた第2世代が生まれ始めている。

図表3-6⋯⋯⋯Googleアースを使って作成された「部落マップ」

東京都ver1.01　　　　　神奈川県　　　　　　埼玉県

¥1,000 ¥700　　　　¥1,000 ¥700　　　　¥1,000 ¥700

4⋯⋯⋯差別が攻撃化している

❶凶器入り脅迫差別文書事件（2017年3〜5月）

　解放同盟の事務所や役員の自宅に、カッターナイフやアイスピック入りの差別投書が何通も送りつけられる事件が起きている。2017年3〜5月に三重県連合会や大阪府連合会、中央本部大阪事務所、組坂繁之中央執行委員長の自宅などにナイフやアイスピックを同封した差別投書が連続して9件発生した。組坂委員長宅に届いた封筒は、カッターナイフの刃が2枚、封筒裏側にテープで留められ、どちらから開封しても手が切れるように仕組まれていた。組坂委員長は手を負傷した。三重県連合会に送られてきた宛名などには、「同和地区wiki」に書かれた「解放同盟関係人物一覧」の住所が使用された可能性が高く、三重県連は警察に被害届けを出した。

❷東京都連や支部への差別投書（2017年夏）

　解放同盟東京都連合会や支部には2017年夏、「エタ　ヒニン　ヨツの情報

保持者様」などと書かれた差別投書やハガキが連続して送られてくる事件が起きている。手紙には「鳥取ループのサイトは不正確な箇所がある」と書かれていた。投稿者が鳥取ループのネット版「部落地名総鑑」を見て、正確な部落の所在地情報を送れと主張する内容だった。

❸自宅に差別年賀状（2017年正月）

　鳥取ループとの裁判が始まり、ネット上に私の自宅の住所や電話番号等が晒されるなかで、2016年秋頃から私の自宅にも非通知の無言電話が続き始めた。2017年の正月には「エタ死ね」と書かれた年賀ハガキが自宅に送られてきた。第一発見者は当時小学生の娘だった。「パパ、なんか変な年賀状が来てる」と私にその年賀状を見せてきた。「エタ死ね」と書かれた文字を見たとき、胸の奥を刃物でえぐられる思いがした。「パパ、大丈夫？ 殺されたりしない?」と聞いてくる娘を前に、私は平静を装うのに精一杯だった。そして、「エタって、どういう意味」と尋ねる娘に、その言葉の意味を説明するのはつらかった。たった一通の差別ハガキだが、我が家の平穏を打ち砕いた。差別投書や危険防止のために、その日以降は、私が郵便物を確認して家族に渡している。このような匿名のネット上での攻撃や差別投書などで心身へのダメージも大きく、気がつけば私も頭に大きな円形脱毛症が複数箇所できていた。

❹「みんなで部落民を殺そう」スレッド（2020年6月、5ちゃんねる）

　2020年6月、「5ちゃんねる」に「みんなで部落を殺そう」とのスレッド（特集投稿ページ）があることがわかった。「あなたが住んでいる町内に部落民はいませんか？ よく確認してみましょう」と投稿され、鳥取ループがばらまいた「同和地区と関連する人名一覧」（市町村別の部落民の名字リスト）にリンクが張られていた。掲示板には「穢（きたな）いからみんなで殺そう」「人間のフリしてるヨツ猿は、保健所のガス室に送り込んで皆殺しに」など、部落出身者を特定し、殺害が扇動されていた。モニタリング団体や多数の違反通報によって、同年9月中旬、5ちゃんねる管理人が削除した（2020年9月25日現在）。

図表3-7………**2017年正月に自宅に届いた差別ハガキ**
（手紙で「エタ死ね」、差出人は不明）

図表3-8………**5ちゃんねるの「みんなで部落民を殺そう」スレッド**

第1部………ネット差別の現状と闘い

5........「復刻版裁判」東京地裁の判決

❶示現舎に出版禁止・賠償命令

2021年9月27日、東京地裁で『全国部落調査』復刻版裁判の判決があった。『復刻版』出版・ネット掲載はプライバシー権の侵害であり「違法」との判断が下され、鳥取ループ・Mに対して『復刻版』の25都府県部分についての出版差し止めとネット上でのデータ配布の禁止と当該データの二次利用禁止を命じた。損害賠償については原告234人中219人のプライバシー侵害を認め、計約488万円（1人5,500〜44,000円）の賠償が命じられた。

判決理由では、部落差別が解消されたとは言い難く「住所や本籍が同和地区内にあることを知られれば、差別や中傷を受ける恐れがある」と指摘。地名リストが公開されると部落出身者への身元調査が容易となり、その損失は「結婚、就職で差別的な取り扱いを受けるなど深刻で重大であり、回復を事後的に図ることは著しく困難」とした。また、出版、掲載の差し止めは「学問の自由を著しく制限する」との鳥取ループの主張に対して、判決は「研究の自由が制限されるとは言えず、公益目的ではないことは明らか」と一蹴した。

❷16県の地名リストは対象外

一方、今回の判決では出版物等の内容すべてを禁止したのでなく、『復刻版』に掲載された41都府県のうち25都府県のみを差し止めの対象とし、16県は差し止めの対象から除外された。

除外された16県は、原告のいない10県（秋田県、福島県、茨城県、石川県、福井県、山梨県、岐阜県、静岡県、愛知県、徳島県）と、原告の権利侵害（プライバシー侵害）が認められなかった6県（千葉県、富山県、三重県、山口県、佐賀県、長崎県）である。

除外された理由として、原告が裁判中にすでに亡くなった場合（親族が裁判を継承することができなかったケース）や、「復刻版」に掲載された地域と原告の現住所・現戸籍との関係が「認められない」と判断された場合である（例：現

在は部落外に居住しているが、前住所・前本籍が部落である原告など）。除外された6県の多くが原告は1人であるため、原告の権利侵害が認められなかったことで当該県すべての地名リストの差し止めが除外された。

❸「差別されない権利」は認めず

今回の判決では仮処分で認められた「差別されない権利」を認めず、プライバシー権の侵害だけを基準にした判断を行ったため、原告の有無や府県別での掲載の是非で判断されるなど極めていびつな判決となった。また、自ら部落出身と公表して活動している一部の活動家についても権利侵害（プライバシー侵害）による損害を認めないという判決となった。

「カミングアウト」と「アウティング」（暴露）は違う。部落差別という問題の本質をとらえず、プライバシー権侵害にすり替えた判決は問題である。すでに、解放同盟と鳥取ループは一審判決を不服として控訴した。

判決後も、鳥取ループ・示現舎は『復刻版』のデータをもとに、各地の部落の動画や地名を掲載し続けている。過去の「部落探訪」の動画や写真もいまだに削除されていない。今回の裁判では、このような確信犯に対して現行法では民事裁判で莫大なお金と時間を使ってでしか対応できないという理念法である「部落差別解消推進法」の限界を浮き彫りとした。今後は裁判闘争と同時に、差別禁止規定を盛り込んだ「推進法」強化改正、包括的差別禁止法の制定が求められている。

6……法務省・総務省の取り組み

❶プロバイダ「契約約款モデル条項」の禁止規定

2017年1月、総務省は国内通信業界4団体に対して、ネット上の部落差別解消の取り組みを要請した。

総務省の要請を受けて同年3月、国内通信業界4団体は「特定の地域がいわゆる同和地区であるなどと示す情報をインターネット上に流通させる行

為」は「契約約款モデル条項」の「禁止規定」に該当すると解説を改訂した。

　しかし、YouTube（Google）やTwitterなどの本社は海外にあるため同団体には属しておらず、「同和地区の識別情報の摘示」に対する削除要請をしても、ほとんど削除されない状況が続いている。国内でネットサービスを展開している海外のネット企業も、社会的責任として差別投稿をさせない「事前対応」、削除する「事後対応」が強く求められている。

❷法務省「依命通知」（「同和地区の識別情報の摘示」は削除対象）

　2018年12月、法務省は「どこが部落か」とネット上で暴露する、いわゆる「同和地区の識別情報の摘示」は人権侵害であり、原則「削除対象」であると、全国の地方法務局・人権擁護機関へ通知を出した。しかし、現状では県・市町村などが法務局へ「同和地区の識別情報の摘示」投稿の削除要請をしても、法務局がプロバイダ等へ削除要請する事例も少なく、2019年は約200件の削除依頼に対し、実際に削除要請したのは20件であった[1]。また、法務省人権擁護機関が削除要請しても削除されないケースも多く、現在の「削除対応率」は約5割である[2]。

7……ネット被害者救済の課題

❶法務局の人権相談、削除要請の現状

　ネット上で人権侵害を受けて法務局に相談をしても、基本的に被害者本人がプロバイダ等へ削除依頼（プロバイダ責任制限法「送信防止措置」依頼）を行うことが求められる。自分で被害を回復することが困難な事情がある場合や削除されない場合に、初めて法務局がプロバイダ等へ削除「要請」を実施することになる。

　2020年に法務省人権擁護機関がネット上の人権侵犯事件として処理したのは1,917件であった。しかし、実際に法務局がプロバイダへ削除要請をしたのは、約30%（578件）[3]である。残りの大半は被害者に「プロバイダ責任

制限法」に基づく削除依頼の方法を教える「援助」という対応であった。

　しかし、個人でSNS事業者や掲示板管理者などのプロバイダに削除依頼をしても、なかなか削除されない。海外プロバイダだと時間的・金銭的・手続き的にも削除対応はもっと困難になる。

　2021年4月、法務省人権擁護局がYouTube（Google）の公認報告者に認定され、優先的に違反通報が審査されるようになった。今後、「同和地区の識別情報の摘示」は削除対象とする法務省の見解をYouTubeのガイドラインにも盛り込むように積極的に取り組んでいくことが必要である。

❷ネット誹謗中傷の裁判費用支援

　名誉毀損等の民事裁判になると、経済的にも精神的にも負担が大き過ぎるため、多くの被害者が訴訟まで行わず「泣き寝入り」している。今後、ネット上の人権侵害の被害者に対して、弁護士の相談料、裁判費等も含めた国や地方自治体などの支援が求められている。

　群馬県では2020年12月、「群馬県インターネット上の誹謗中傷等の被害者支援等に関する条例」が成立・施行した。この条例によって、県はネット誹謗中傷の「相談窓口」を設置し、3名の専門相談員がこれに対応している。悪質な投稿に対しては弁護士相談（1回40分、無料）を行い、「プロバイダ責任制限法」に基づく「発信者情報」開示請求、削除仮処分の訴訟手続きを支援している。また、臨床心理士に委託して、心理面でのサポートも行っている（1人3回まで無料）。

　長崎県は、コロナ差別のネット中傷の弁護士相談料5万円負担（上限）、発信者情報の開示請求・削除に関わる訴訟費用30万円（上限）を県が負担する支援を実施している。愛知県東郷町もコロナ差別・ネット中傷の弁護士相談料5万円負担、訴訟費用100万円（上限）を負担する支援を実施している。

❸ネット人権侵害の相談機関

　現在、総務省の外郭団体として「**違法・有害情報相談センター**」、法務省に

は「インターネット人権相談受付窓口」があり、インターネットで相談を受け付けている。しかし、年々増加するネット人権侵害の相談に対して、相談員の数や体制などが追いついていない状況がある。

2020年6月、ネット誹謗中傷の深刻化を受けて、国内ネット企業で組織されている「一般社団法人　セーファーインターネット協会」が「**誹謗中傷ホットライン**」を開設した。被害者に代わりネット上の誹謗中傷投稿の削除要請を行ってくれる。開設後1件間で2,600件以上の相談があり、違法性のある「特定誹謗中傷情報」に該当すると認定した投稿の削除率は79.2%であった。

「部落差別解消推進法」では国・地方自治体に対して「相談体制の充実」（第四条）が求められている。まずは、ネット上の人権侵害に対する相談窓口を設置し、市民へ周知することが急務である。そして、被害者の権利回復のための支援ができる相談員の増員とスキルアップ、関係機関との連携体制の充実などが求められている。

4 プロバイダ責任制限法の改正

ネット誹謗中傷の深刻化を踏まえ2021年4月に「プロバイダ責任制限法」が改正され、訴訟手続きの迅速化が図られた。「改正法」施行後は、匿名の発信者情報開示の裁判手続きが最低2回行われていたものから、1回の手続きで行えるようになる。しかし、個人の訴訟は経済的・物理的・心理的にも負担が大き過ぎる。被害があってからの事後対応でなく、事前にサービス提供事業者が差別投稿をさせない仕組み、差別投稿の削除が必要である。

また、鳥取ループなどの確信犯は名前や住所を公表して活動している。このような確信犯に対しては「発信者情報の開示」は意味がなく、「差別禁止」規定のある法律により、悪質な差別行為・差別投稿を法的に禁止・削除させる必要がある。

8⸻地方自治体の取り組み

❶モニタリングと削除要請

地方自治体がネット上の部落差別や人権侵害の実態把握に努め、差別投稿の削除要請に取り組み始めている。部落解放・人権研究所が実施した調査[4]（2019年12月）では、全国200以上の自治体等がモニタリングを実施している。大分県内、埼玉県内、山口県内、三重県内の自治体をはじめ、滋賀県（人権センター）、香川県（香川県人権啓発推進会議）、奈良県全市町村（「啓発連協」）、などの民間団体等が部落差別をはじめとした差別投稿のモニタリングを実施している。

モニタリング対象は、2ちゃんねるや5ちゃんねるなどのネット掲示板が多い。同調査では、5年間（2015〜2019年）で削除要請をしたのは合計7,706件であり、うち削除されたのが4,219件、削除率は55%であった。

県や市町村が実施するモニタリングは、当該自治体の情報を中心にチェックする。しかし、掲示版や差別サイトでは、当該自治体以外の差別投稿を発見する場合がある。そのため、都道府県レベル、全国レベルでの実態を集約する必要性がある。また、現在は掲示板からSNSを中心にした利用が多くなっており、TwitterやYouTube等もモニタリング対象に実施していくことが求められている。

今後は、モニタリング実施団体連絡協議会（仮）などを立ち上げ、各地のモニタリング結果の情報交換を行い、ネット上の部落差別の実態把握と課題整理、ネット人権侵害、部落差別の解決に向けて効果的に取り組んでいく必要がある。

❷和歌山県「部落差別解消推進条例」（2020年12月改正）

和歌山県では2020年3月「部落差別解消推進条例」を施行し、同年12月にこれを改正した。「同和地区の識別情報の摘示」や差別投稿が放置されている現状に対し削除の実効性を持たせるため、全国で初めてネット上の部落差別

の禁止規定を設けた。また、プロバイダへの部落差別投稿の削除義務、県として差別行為者への「説示」「指導」「勧告」も設けた。しかし、条例に基づく削除要請をしても、プロバイダが削除しないケースも多く、部落差別解消推進法の強化改正の必要性が求められている。

❸丹波篠山市が「削除仮処分」の申し立て（2020年10月）

2020年9月、兵庫県丹波篠山市の部落が撮影され差別的に編集された動画が、YouTube（Google）とライブドアブログ（LINE）にアップされた。市がプロバイダに削除要請をしたが削除されなかった。そのため、丹波篠山市長と自治会長が連名で、裁判所に対してGoogle（YouTube）とLINE（ライブドアブログ）へ差別動画の「削除仮処分」の申し立てを行った。その後、GoogleとLINEは係争中に差別動画を自主的に削除した。

その後、同じ動画がニコニコ動画（ドワンゴ）にも掲載されたために、丹波篠山市長と自治会長名で、裁判所に動画削除の仮処分申し立てを行い、2021年2月に「削除仮処分」命令がドワンゴに出され、ようやく差別動画が削除された。この取り組みは、自治体による部落差別動画の削除仮処分を求めて削除させた全国初の事例として評価され、今後も各地の自治体で同様の取り組みが期待されている。

今回の事件では、ドワンゴのように投稿者からの訴訟リスクを恐れ、裁判所の削除仮処分命令が出るまで、自社の判断では削除しないプロバイダの実態も明らかになった。通信関連団体の「プロバイダ契約約款モデル条項」の差別禁止規定や法務省の依命通知（2018年12月）の限界が浮き彫りとなった。

9……ネット企業の社会的責任

❶「差別投稿の禁止」を利用規約に

インターネットサービス提供業者は、企業の社会的責任として、差別投稿を放置せず、差別問題の解決に向けて主体的に取り組む必要がある。サービ

ス提供時に、利用者との契約約款（利用規約）に「差別投稿の禁止」事項を設け、差別投稿に対する通報窓口を設置し削除対応を行うことが求められている。

　上述したとおり、2017年3月、プロバイダ・通信関係4団体は、「違法・有害情報への対応等に関する契約約款モデル条項の解説」を改訂した。「契約約款モデル」第1条の禁止事項「不当な差別を助長する等の行為」という規定に、「不当な差別的取扱いを助長・誘発する目的で、特定の地域がいわゆる同和地区であるなどと示す情報をインターネット上に流通させる行為」が該当するとした。この「契約約款モデル」に準じて、実際に各事業者の約款を改訂する作業を進めさせていく事が重要となっている。

❷広告配信の停止（経済制裁）

　民間企業でも、差別サイトに広告配信をしない、あるいは広告撤退をする動きが出始めている。悪質な差別サイトほど閲覧数が多く、サイト運営者は広告収入で儲かり、それが活動資金となっている。差別サイトからの広告撤退は、ネット差別に対する有効な取り組みとなる。

　鳥取ループ・示現舎も、『復刻版』出版事件が社会的な話題となればなるほど、自分たちのサイトの閲覧数が増え、広告収入で儲かるとTwitter上で公言していた。企業がネット上の広告配信の際に、「差別サイトには掲載しない」という条件をつけ、差別サイトへの配信停止を積極的に行うことが、ネット上の差別問題の解決に向けて大きな役割を果たすことになる。

❸差別解消にIT技術を活用

　「全国部落調査」復刻版裁判が終わっても、すでにネット上に大量に拡散・作成されたネット版「部落地名総鑑」をすべて回収することは厳しい。しかし、検索サイトでフィルタリングをかけて表示できなくしたり、検索上位に表示されないようにしたりするなどの対応は、現在のIT技術では現実的には可能である。

　すでに、Yahoo!では、有害サイトフィルタリングサービスを無料で配信し

ている。専門スタッフが最新情報を収集管理し、フィルタリングをかけて「違法・有害情報」を表示できないようにしている。また、欧州ではGoogleも検索エンジンで、「ホロコースト」を否定するサイトなどは、検索上位にならないように検索エンジンの表示方針を見直している。Facebookもフェイクニュース対策にも取り組み始めている。

　今後、企業等の最新のIT技術を活用し、ネット版「部落地名総鑑」の公開・流布などに関する規制や、業界団体の自主ガイドライン等の作成に取り組んでいくことが求められている。

10……個人や組織でできること

❶ネットを活かした情報発信の重要性

　SNS・ネット上には部落問題の正しい情報発信が圧倒的に不足している。「一億総発信者」と言われる時代であり、個人のSNSでの情報発信も大きな影響を持つ。ネット対策、メディア戦略は部落差別解消にとって重要なポイントであり、行政や人権団体も、今後予算と人員を配置し、総力を挙げた取り組みを進める必要がある。

　ネットが差別を強化している状況がある一方で、同時にネットは差別をなくしていく大きなツールにもなる。ネットのマイナス面だけでなく、プラス面を活用し、部落差別や人権問題の解決に向けて取り組んでいくことが求められている。

❷差別投稿を放置しない！（違反通報）

　差別投稿を見つけた場合は、無視・放置せず積極的に「違反通報」を行うことが大切である。TwitterやYouTubeなどの大手のSNSは、差別や人権侵害に対して「通報」フォームが設けられている。通報が多いほど、削除担当者が問題投稿として認識し、検討されやすくなる。

　現実社会では、殺人などの犯罪を目撃したら第三者でも警察に通報する。

火事を発見したら消防車を呼ぶ。ネット空間でも同様である。ネット人権侵害や差別投稿を目撃したら放置せずに、すぐに通報し、対応を迫ることが大事である。その投稿の先には「差別という刃物」で刺された人間が存在し、差別投稿が放置されることで、どんどん被害が拡大していく。差別投稿は放置しないという認識で通報・除去させていく。それを誰もが当然のこととしてできるようになって欲しい。

11………やはり人権・部落問題学習が大事！

ネット対策はあくまでも「対策」であり、やはり現実社会での人権研修、部落問題学習が大切である。もう「寝た子を起こすな」論は通用しない、「寝た子はネットで起こされる」時代になった。ネット上の差別的情報を閲覧しても「これはおかしい」と見抜き、行動できる力が求められている。差別や偏見・デマ情報を鵜呑みにしない力をつける必要がある。そのためにも、学校や地域、職場などにおいて部落差別解消に向けた教育・啓発を実施してく必要がある。

近畿大学の学生を対象にした意識調査[5]では、「部落問題の学習経験がない・覚えていない」が2009年は2割だったが、2015年は4割にまで増えている。全国的に同和教育、部落問題学習が後退していることがわかる。また関西圏の大学生を対象にした同様の調査[6]でも、「部落出身の知人・友人がいない・わからない」が85％であった。学生や若者にとって部落や部落出身者は抽象的な「記号」となり、部落問題についてのリアリティがなくなっている。その意味では、人権・部落問題学習においては歴史だけなく、当事者の話を聞くことや地域のフィールドワークなど「顔の見える部落問題学習」「当事者との出会い学習」などが重要になっている。

部落差別解消法の第5条には「教育・啓発の充実」が示されている。学校や地域、職場などあらゆる場において部落差別をなくすための学習機会を保障していくことが基本であることを確認しておきたい。

12………おわりに

❶「賤民廃止令」（解放令）から150年、全国水平社創立100年

　今年（2021年）は1871年（明治4年）に「賤民廃止令（「解放令」）」が出されて150年、来年2022年は全国水平社創立100年を迎える。しかしながら、無法地帯化したネット差別の悪化により、100年にわたる部落解放への先人たちの取り組みが、まさに水泡に帰す状況が起きている。

　部落出身者は見ただけではわからない。だから、部落差別をする人たちは、常に「どこが部落か、誰が部落民か」を調べるという行為を行う。部落解放運動は100年以上にわたり、この差別身元調査規制の闘いを展開してきた。結婚差別や就職差別などにより、多くの部落の人たちの人生と命が奪われてきた。私の母親は部落出身の父との結婚を反対され、身ごもっていた姉の中絶を迫られるなか、実家を飛び出して父と一緒になり姉を出産した。

　私自身も大学生時代、部落への差別発言を見聞きするなかで、部落出身を隠すようになり、悩んだ時期があった。交際相手の親族から部落出身を理由に4年間、交際を反対された。これまで何人もの結婚差別を受けて悩んでいる人たちの相談を受けてきた。交際相手に部落出身であることを言えずに悩んでいる若者。部落出身であることを言わずに結婚し、いつ部落出身であることを知られるのかと心配しながら生きている人や子どもにいつ立場を伝えようかと悩む親たちも多くいる。しかし、そんな人たちの声は可視化されていない。

❷そこには、一人ひとりの大切な人間が生きている

　鳥取ループ・示現舎は「部落差別なんてない。どこが同和地区か明らかにしても深刻な差別なんて起きない」と、ネット上に全国の部落の地名を晒し、地区内を撮影した動画や写真をアップし続けている。興味本位で部落を検索し、撮影し、ネット上に平気で晒していく人たちがいる。「部落を調べたかったら、これを見て」と「部落地名総鑑」にリンクが貼られている状況がある。

ネット上で晒される一つひとつの部落には、一人ひとりの人間が生活しており、大切な人生を生きている。様々な場面において突然、「差別という刃物」で刺された人たちも生きている。部落差別と向き合い、苦しみながらも、反差別・部落解放へ向けて懸命に取り組んできた多くの人たちが、その地域に生きている。

「部落差別が現存する」社会において、ネット上に晒される部落の所在地情報の暴露がいかに危険であり、当事者たちを不安に陥れているのか。この「安心して生きることができない状態」こそが、部落差別の現実であり被害の実態である。

❸「部落差別解消推進法」の強化改正が必要!

ここまで見てきたように、ネット上で悪質な部落差別行為が容認され続けることで「ここまでやってもいいんだ」と、差別のハードルが下がり、これまで積み上げてきた身元調査規制・部落差別解消の取り組み、人権基準が壊れ始めている。そのためにも差別禁止規定を盛り込んだ「部落差別解消推進法」の強化改正が強く求められている。具体的には最低三つの行為規制（差別禁止規定）が必要である。

①差別身元調査の禁止（結婚や就職などにおいて部落出身者かどうかを調べる行為）。
②土地差別調査行為の禁止（不動産取引において、どこが同和地区か調べる行為）。
③正当な理由なく、「同和地区の識別情報の摘示」の禁止。

また、日本には包括的差別禁止法がない。本来であれば、包括的差別禁止法を制定し、個別法で具体的な差別解消に向けた取り組みを進めていく必要がある。今後は、差別を禁止・規制する法整備の確立が課題であり、立法事実を積み上げた取り組みを進めていかなければならない。

(1)　「第204回国会　衆議院法務委員会第4号　令和3年3月17日　会議録」（NO. 159）菊池浩／政府参考人答弁。

(2)　総務省「プラットフォームサービスに関する研究会（第23回）」配布資料5「法務省の人権擁護機関による削除要請と削除対応率（法務省提出資料）」。

(3)　法務省「令和二年における「人権侵犯事件」の状況について（概要）――法務省の人権擁護機関の取組」。

(4)　『部落解放研究』（213号）部落解放・人権研究所、2020年。

(5)　『2015年度近畿大学学生人権意識調査報告書』近畿大学人権問題研究所、2016年。

(6)　『若者の共生意識調査 報告書』世界人権問題研究センター、2015年。

第 4 章

ネット上の複合差別と闘う
── 在特会／「保守速報」との裁判闘争記

上瀧浩子………弁護士

1………複合差別を巡る問題

❶複合差別とは何か

　インターネット上、とりわけTwitter上では現在も、複合差別であるトランスジェンダー女性への差別的書き込みが執拗になされている。複合差別とは社会で周縁化され、被抑圧的な地位にある集団ないしカテゴリー（マイノリティ）に属する者と見なされる人に対する差別に加えて、他の事由に基づく差別が加わることで、独特の抑圧が生じる状態のことを言う。

　しかし、トランスジェンダー当事者を特定しておらず、「トランスジェンダーは男性である」「トランスジェンダーが女性トイレを使うのはおかしい」など、「一般的」な誹謗中傷にとどまっている。トランスジェンダー女性へのこれらの言説は、女性であること、トランスジェンダーであることという交差的な差別の事例である。また、障害者の女性が、性的虐待の犠牲になりやすいことはよく知られている。これもまた、障害者と女性という複合的な差別の事例である。

❷複合差別に対する裁判

　このような複合差別は、被差別部落の女性、朝鮮人の障害者など、多くの事例が考えられる。しかし、女性は最大のマイノリティ集団であり、他のマイノリティ集団のなかにはほぼ「女性」が存在することを考えれば、複合差別はすべてのマイノリティ集団が抱えていると言える。

　しかし、複合差別のすべてが、裁判が可能なわけではない。とりわけヘイトスピーチは、「朝鮮人は反日」であるとか「障害者は社会のお荷物」などという言説は個人に対してではなく、集団を標的としてなされるからである。

　本章では、李信恵さんという個人に対する民族差別、女性差別であったことから、その誹謗中傷を名誉毀損や侮辱で問題とすることができ、民事訴訟が可能となったのである。ただこれは、民事訴訟が「可能」となっただけであり、それを実現するには、当事者である個人、李信恵さんが原告として法廷に立たなければならなければならなかった。法廷で争うには、訴訟の準備でも自分への誹謗中傷や差別の「ことば」に何回も触れ、かつ、それを法廷で証言しなければならない。これは当事者には大きな負担がかかり、やり遂げるのは、並大抵の覚悟ではできない。

　李信恵さんは、これを闘い抜いて、判決までこぎ着けた。日本で初めて複合差別の判決が出たのは、李信恵さんの力によるものである。

2⋯⋯⋯事実関係 ── 二つの裁判

❶裁判に至る経緯

　李信恵さんは、自身に対する誹謗中傷が複合差別にあたるとして二つの裁判を起こした。

　その一つは、「在日特権を許さない市民の会」（以下、「在特会」と言う）と、当時その会長であった桜井誠（現在は日本第一党党首）を相手取って損害賠償を求めた裁判である。在特会とは、日本国内に居住する在日コリアンに特別永住資格を認める入管特例法の廃止を求めて活動する団体である。日本各地での

ヘイトクライムや、京都朝鮮学校ヘイトスピーチ事件なども引き起こした。現在は、政党化した「日本第一党」が後継団体であると言える。党首は在特会元会長の桜井誠（本名、高田誠）であり、最高顧問は「国家社会主義同盟」元副会長瀬戸弘幸である。日本第一党の役員には、元在特会の主要メンバーが名前を連ねている。

在特会は、神戸の街宣の取材をしていた李信恵氏に対して、「ピンクのババア」「プデチゲみたいな顔」「立てば大根、座ればどてかぼちゃ、歩く姿はドクダミ草」などと誹謗中傷を加え、かつそれをインターネットで公開した。また、桜井誠は、Twitterにおいて「信恵返韓」、つまり李信恵さんを韓国に返せという内容や、彼女の名前を侮辱的にもじって「リ・ドブエ」という名前で繰り返し投稿した。さらに、桜井が開設している「ニコニコ生チャンネル」でも李信恵さんへの差別が繰り返された。

李信恵さんのもう一つの裁判は、「保守速報」というブログの管理人に対する損害賠償を請求したものである。

「保守速報」は、2ちゃんねるの書き込みから一部を転載・加工しブログ記事にまとめた、いわゆる「まとめサイト」である。「保守速報」の管理人は、2ちゃんねる（当時。現在は「5ちゃんねる」）という巨大掲示板では李信恵さんがTwitterで民族差別などについて発言すると、その発言に反発する人らがスレッドを立てていた。保守速報はそのスレッドのなかから自分の意図に沿うものを選んで、ブログ記事を作成していた。李信恵さんに関するブログ記事は、2014年7月から2015年7月まで45本あった。また、2ちゃんねるから転載した書き込みの個数は、約1,100個であった。2ちゃんねるのスレッドは、モノクロの画面に同じフォントの文字が書き込まれた順番に並ぶ仕様となっている。

「保守速報」の管理人は、2ちゃんねるの書き込みを素材として、2ちゃんねるの表題を変えたり、2ちゃんねるで投稿された順番を入れ替えたり、フォントの大きさを変えたり色づけをするなどして加工をした。そして、表題の横には李信恵さんの顔写真を貼りつけた。

ブログ記事は、大きさに変化をつけた青、赤、茶色や黒の文字が並び、李信恵さんの顔写真まで貼りつけたカラフルなもので、転載元の2ちゃんねるとは一見して別物であり、2ちゃんねるをより見やすく、わかりやすく扇情的なものに仕上げている。

ブログ記事が引用したなかには「乳出しチョゴリ」「帰れ」「このババア」「本当に狂っているな、このくそアマ」「寄生虫ババア」などの罵詈雑言が並ぶとともに、「おもちゃ壊すなよ」など李信恵さんを人間とは認めないような投稿も多く含まれていた。

在特会・桜井も「保守速報」もSNSを駆使して李信恵さんの被害を拡大した。

❷提訴とその判決

原告、李信恵さんは、在特会と桜井誠に対して、金550万円、「保守速報」管理人に対して、金2,200万円の損害賠償請求で提訴した。この請求においては、それ以前にあった朝鮮学校襲撃事件の判決が、被告らの悪質性を損害賠償金額の算定上増額事由としたことから、被告らの悪質性を加味して損害賠償額を決定した。

在特会を被告とした判決は、第1審、大阪地方裁判所で2016年9月27日（大阪地判2016〔平成28〕年9月27日 LEX/DB25544419）に言い渡された損害賠償金額として、77万円の支払い命令が出た。これを被告が控訴し、控訴審の判決は大阪高等裁判所2017年6月19日、（大阪高判2017〔平成29〕年6月19日 LEX/DB25448757）言い渡された。このとき、在特会の行為が判決文のなかに「複合差別」であると記載された。しかし、損害賠償金額は77万円と被害に照らして少額であった。

「保守速報」管理人に対しては、在特会の控訴審判決から5ヵ月後、大阪地裁で2017年11月16日に判決があり（大阪地判2017〔平成29〕年11月16日判時2372号59頁）、ここでも、複合差別の文言が書き込まれた。この判決はやはり控訴され、大阪高等裁判所で2018年6月28日（大阪高判2018〔平成30〕年6月28日判例集未登載）に判決が言い渡され、その損害賠償金額は、200万円であった。

この金額も、被害者の救済に照らしてあまりにも少額であると言うほかない。

3……「在特会」・桜井誠と「保守速報」との比較

❶目的

　両者がインターネットを何の目的で活用「利用」していたのかは全く違う。

　「在特会」と桜井は、桜井のブログ「Doronpaの独り言」で、「行動する保守運動にとって最大の武器はネットの活用にあります」「メディアが報じない真実の姿をダイレクトに視聴者に届けるネットという茸を最大限に駆使して私たちは戦うことができます。今、日本各地で何が起こっているのか、メディアという反日フィルターを通してではなく、ありのままの姿を伝えることで多くの人に考えるきっかけを与えたいと思います」（2009年12月5日）と書いた。桜井は、自分の主張を広げるために、戦略的にインターネットを位置づけていた。そして実際に、2009年8月21日から2010年10月14日の期間にYouTubeで966本の動画を配信していた。桜井誠がインターネット配信にかける「期待」には大きなものがあった。桜井のインターネット利用の目的は、レイシズムの流布により、自分たちの組織を拡大することだった。

　これに対して、「保守速報」管理人は、むしろアフェリイエト収入、すなわち営利目的としてヘイトスピーチを繰り返していたと推測される。在特会が前述のようにイデオロギー的色彩が濃厚であるのに対し、保守速報は、社会でのレイシズムの拡散をベースに、これに対する需要を見込んでそれを収入に結びつける意図が濃厚であった。インターネットのブログ記事は、その閲覧数や、そこに出稿している広告のクリック数等に応じてブログ管理者に広告収入が入る仕組みが存在する。李信恵さんが「保守速報」を提訴した時点で、「保守速報」管理人は、ブログに10個以上のバナー広告を貼っていた。「保守速報」はこの頃、行動保守関連では人気ブログであった。このブログが開設したのは2012年4月頃であったが、訴状を書いた2014年7月10日時点でアクセス数が延べ4億596万7,537回で、1日のアクセス数は80万人弱の巨

大ブログであった。2年あまりで保守速報は、巨大なブログへと成長した。「保守速報」の李信恵さんに関するブログ記事には多くのコメントがつき、李信恵さんに関する45本のブログ記事についたコメントの総数は21,035個であった。保守速報の管理人は、保守速報のブログ記事により広告収入がある事実を認めていた。1日80万ビューを数える「保守速報」の管理人がこのブログ記事によって相当の収入を得ていたことは、想像に難くない。代理人らは、この金額がいくらかについて、調査嘱託を申し立てたが、これは裁判所が認めなかった。

　同じインターネット上のヘイトスピーチといっても、在特会と保守速報とは、ヘイトスピーチをネットで広げる動機が異なることは注意すべきである。

　また、まとめブログは、現在もインターネット上では人気のある形式のものである。

❷「在特会」・桜井と「保守速報」がインターネット上に与えた効果

　しかし、両者の目的が異なるとしても、その効果はほぼ同じである。

　在特会は、その目的のとおり「在日特権」という言葉を普及させて、レイシズムを「正当化」する根拠を与えた。

　李信恵氏の裁判では、髙史明氏（神奈川大学非常勤講師）に「在特会」桜井と「保守速報」がネット上の言論に与えた影響力を分析した意見書の作成を依頼し、これを裁判所に提出した。

　髙意見書は、2012年11月から2013年2月までに韓国人・朝鮮人に関するツイート109,589件を分析した[1]。髙意見書によれば、これらツイートのうち、在日韓国・朝鮮人についてネガティブな内容のものは70%、ポジティブな内容のものは17%であった。

　そして、『『在日特権』への言及（差別的なものも差別を批判するものも含む）は韓国・朝鮮人についてのツイート全体の15%のうちに表れていた」[2]のである。髙意見書は、続けて「これらのツイートの内95%前後、つまり全体の14.3%程度がコリアンに対してネガティブなもの、つまり、単に『在日特権』

に言及するだけでなく、『在日特権』に注目したうえで差別的な意見を表明する言説であ」[3]ることを述べる。髙意見書の約4ヵ月の調査期間にされた約11万弱のツイートの14.3%は17,000件弱である。そして、本件分析は在日かどうかを区別しておらず、「『在日特権』が日本国外で居住する韓国・朝鮮人には無関係であることを考えると14.3%というのは、在日韓国・朝鮮人に言及するときに「在日特権」に言及される比率を差す数値としては、おそらく過小評価である」[4]と指摘した。髙意見書は、韓国・朝鮮人一般について分析したものであり、特に在日韓国・朝鮮人と限定していない。だとすれば在日韓国・朝鮮人に限定すると「在日特権」を使用するネガティブなツイートの割合はもっと多いと述べる。

　インターネットでは、在日韓国・朝鮮人を差別するとき、「在日特権」の存在という捏造された事実が多用されていると考えられるのである。

　この「インターネット上の差別的風土を醸成」したものの1人は、間違いなく在特会と桜井である。

　また、2ちゃんねるのニュース系ブログは2ちゃんねるの反応をまとめていることを立証するために「保守速報」側が提出した桜庭太一の論文[5]は、「2ちゃんねるまとめブログ」のマスメディア的な機能について論じている。桜庭は、「2ちゃんねるまとめブログ」がブログのなかで上位を占めている状況を指摘し、まとめブログが、2ちゃんねる利用者の相互のコミュニティ的役割から「ニュースブログ型まとめサイト」へと変貌し、その時々、2ちゃんねるで話題になっているものをわかりやすくまとめているものと定義した。そして、特定の傾向と需要を持った「読者を想定し、その読者のニーズに沿った形で情報を提供する二次的な情報コンテンツの生成」をしているとする。そして、まとめブログは2ちゃんねると異なる読者層を持つと論ずる。まとめブログは、2ちゃんねるの話題をまとめて「速報」することで独自の読者を持つマスメディアとして機能している、と論ずる。

　この「まとめサイト」である「保守速報」管理者は、読者のニーズに沿ったコンテンツを提供することでアクセス数を稼ぎ、幅広い読者層を形成し、

それを収入に結びつけていたのである。

　その具体的影響力については、髙意見書が分析をしている。髙意見書は、上記の109,589件のうち、5.2％が2ちゃんねるもしくは2ちゃんねるのまとめブログに言及し、そのうち20.2％が明示的にブログ保守速報に言及するものであったとする。

　髙意見書は、日本において韓国・朝鮮人に言及するツイートのうち「これほどの量が単一のウェッブサイトに触発されたものであるということは驚くべきことである」とする。

　そして、「保守速報」が、韓国・朝鮮人に対する偏見・差別を流布するうえで果たした影響力の大きさに言及し、インターネット上で偏見・差別を広く共有する事態の形成に大きな役割を果たしたとしている。

　このように、在特会・桜井と「保守速報」はその目的が異なってはいても、インターネット上の言論空間でレイシズムに根拠を与え、それを流布し、インターネットの「言論空間」を差別と偏見をはびこらせるという効果をもたらした。

　それと同時に、後述のように在日韓国・朝鮮人（そのなかでもとりわけ女性）やその支援者の言説がさらに脇に追いやられるという効果も生じていると思われる。

　梁英聖氏は著書『レイシズムとは何か』（筑摩書房）のなかで、レイシズム発生からレイシズムの政治化に至る過程で、重要な役割を果たすのは極右であると指摘し、「極右は組織を結成し、差別煽動活動の継続性を担保し、活動を定期化させ差別の共通言語を作り、文化を作る上で不可欠の貢献をする」[6]とする。

　わが国でこの役割を果たしてきた「極右」の一つが在特会であることは間違いない。

　在特会は、組織を持ちそのなかで定期的に街宣やデモを主導し、「在日特権」という差別の共通言語を作り出した。これは、髙意見書でも指摘しているとおりである。

また、「保守速報」はレイシズム専門のコンテンツであった。「保守速報」はインターネット上に常駐することで、差別扇動活動の継続性を担保し、ブログ記事を更新することにより情報を定期化させ、読者がいつでもどこでも情報にアクセスできる状況を作り出す。閲覧者はそこで共通の話題を発見し、相互交流が図られる一つのコンテンツとなり、インターネット上での溜まり場を作り、共通言語を提供する。インターネット上では、「保守速報」などのレイシズムを売り物にする「まとめサイト」は、リアルな組織こそ作りはしないが、「極右」と類似の役割を果たしてきたと言えるのではないか。

4………インターネット上の被害の特徴

❶容易に保存・拡散でき半永久的に残存

　インターネットでのヘイトスピーチは、その範囲が広く、かつ容易に拡散し、それが半永久的に残存するところに特徴がある。

　紙媒体では、情報を保存するにはコピーなどの物理的な処理や、保管場所、必要なときに情報を取り出すためのファイルの管理が必要であるし、それを拡散するには大量のコピーと配布行為が必要である。紙媒体を保存・拡散するには時間と労力と金銭が必要である。

　ところがインターネットにおいては、これらの行為が指先の操作一つでき、情報を認識して瞬時に拡散ができる。さらに、拡散が拡散を呼べば、情報が迅速かつ幾何級数的に広がる事態が生じ得る。

　例えば、「保守速報」の各ブログ記事には拡散ボタンが備わっており、指先一つで拡散可能である。また、保存にはスクリーンショットなどは端末機器でできるほか、「ウェブ魚拓」（ウェブサイトのバックアップができる）などのアプリを使用することでもできる。携帯電話さえあれば、会社の昼休みにでも「保守速報」にアクセスし、更新された記事をチェックして気に入った記事を保存したり、コメント欄に書き込んだり、拡散ボタンで自分が使うSNSに投稿することができる。話題になっている在日朝鮮人女性が気に入らなければ、

彼女のツイートのアカウントを検索して「出て行け、ブス」と直接リプライを送ったりする。すべてが匿名なので、気楽でお手軽である。

❷保守速報が拡散した量と内容

「保守速報」は拡散ボタンをつけており、そのブログ記事をTwitterで拡散した数、Facebookで拡散した数、ブックマークした数も画面に表示される。

「保守速報」には、李信恵さんに関するブログ記事では45本だったが、拡散ボタンにより拡散された数の合計は、Twitterは13,979個、Facebookでは3,519個である（ただし2013年当時）。Twitterでは、保守速報の記事を拡散したTwitterユーザー自身が、さらに多くのフォロワーを持っていることを考えれば、閲覧者の数は見当がつかない。また、拡散ボタンは「保守速報」の記事を直接拡散した人数のみの表示となっており、直接拡散した記事をリツイートとした数字は入らない。したがって、保守速報の記事からは、どれだけの人数が李信恵さんのブログ記事を拡散しているのかは不明であり、ただ、その数は膨大であるとの予測がつくだけである。

また、髙意見書は、「保守速報」の編集元となった2ちゃんねるのスレッドへの「レスの一つ一つは匿名の信頼性の乏しいものであるし、また多くの場合には様々な立場のレスが投稿されている。しかしそれらのうちの特定の方向性を持つものだけが被告『保守速報』管理人により抽出され提示されることであたかも『皆が』そうした主張を支持しているように錯覚され、このことが閲覧者の考え方をゆがめる」[7]（髙意見書2頁）と指摘する。

「保守速報」管理人は、まとめを作成するにあたっては、特定の狙いを持って2ちゃんねるから書き込みを選び出し転載していたと考えられる。その狙いに沿って、李信恵さんに対して、「日本から出て行け」というものを多く集めたり、李信恵さんの通称名が「林田リンダ」だと決めつけてこれを揶揄する書き込みを多く集めたものなど、様々である。

また、「保守速報」はコメント欄を設定していたが、李信恵さんに関するブログ記事がアップされると、アップ後3日間で、約300ないし500件くらいの

コメントが投稿された。そして、そのほとんどがブログ記事の内容に沿ったコメントであった。

❸在特会のインターネット使用の特徴

　在特会は、YouTubeやニコニコ動画、Twitterなどで李信恵さんに対する誹謗中傷を広げた。通常、街頭宣伝は1回かぎりのものであり、時間的・場所的にも限定的なものであるが、インターネットに載せることにより、この誹謗中傷は繰り返し再生され、永続化する。

　またTwitterに書かれた「信恵返韓」「異常反日妄言をドブエなどが繰り返し」などのツイートは、リツイートを通じて能動的に拡散された。Twitterに存在する「いいね」も、第三者が「いいね」の項を開ければ、誰が、どのくらいいいねをしたかがわかるようになっている。「いいね」ボタンを通じても、李信恵さんへの誹謗中傷が多くの閲覧者の目に触れたと思われる。

　桜井がニコニコ生放送をした動画は、動画の画面上に書き込みの文字が流れていく仕様となっており、閲覧者の書き込みが多いときには、もとの動画の画面が見えなくなるほどであった。桜井は、これら閲覧者の反応を見ながら生で放送するのであり、画面のこちらと向こうがともに刺激し合い「盛り上がる」双方向的メディアであった。李信恵さんを話題としている桜井のニコニコ生放送の動画への「訪問者」は、毎回6,000以上、多いときには10,000を超えていた。

　このように、インターネット上のヘイトスピーチは、映像であったりテキストであったりするが、いずれも、刺激に満ちた方法でヘイトスピーチを繰り返していた。

　動画の閲覧者、Twitterやブログに書き込む人、誹謗中傷を閲覧、拡散する人は匿名性の陰に隠れており、その被害者である李信恵さんにはこれを誰がしているのかわからない仕様となっている。

　ただ、被害者にわかるのは、それが多数の人たちによって行われているという事実である。

この「誰が拡散しているのか、わからない」「どれだけの人が読んでいるのか、わからない」「どれだけの人が、自分への中傷を保存や拡散しているのかわからない」という事実は、李信恵さんを恐怖に陥れたのである。

5……李信恵さんが受けた被害（1）
── インターネット上のヘイトスピーチ

■李信恵さんを追い詰めた炎上

インターネット上の被害を特徴づけるものの一つは「炎上」である。

「炎上」とは「TwitterなどのSNSでの投稿を契機に嫌がらせや侮辱が投稿者に殺到する」[(8)]現象を言う。

髙意見書は、「『炎上』はTwitterやSNSに端を発するが、こうした被害は『まとめブログ』に掲載されることでいっそう大きくなる。炎上を煽る記事は他のソーシャル・メディアでさかんに『拡散』されるため、そのような記事を掲載する『まとめブログ』はより多くの閲覧者を獲得できる」[(9)]と指摘し、「保守速報」などのまとめサイトには、炎上を煽る動機があるとする。

そして、「保守速報」が李信恵さんへの誹謗中傷を繰り返していたのは、その閲覧者たちにより李信恵さんへの嫌がらせや侮辱が殺到することを期待していたとする。実際に、「保守速報」を閲覧した者が、李信恵さんのツイートに対しては、李信恵さんへの侮辱とともに、ブログ記事のURLを貼りつけたメンション（投稿）が殺到したという。このような攻撃が続くうち、李信恵さんは、「保守速報」が、彼女に関するブログ記事を執拗に上げていることに気がついたのである。

「多くの閲覧者を抱えるTwitterアカウントや『まとめブログ』が特定の個人を名指しで非難するのは、その閲覧者が一斉攻撃に荷担することであり『炎上』を教唆するものと考えられる」[(10)]（髙意見書4頁）とする。

「保守速報」、在特会や桜井の個人アカウントも同様の役割を果たしている。

髙意見書は、これに続き「こうした『炎上』の標的の精神的苦痛は甚大で

あり、自殺に至る場合もある」(11)としている。直近では、プロレスラーの木村花さんが、インターネットの誹謗中傷を苦にして自死したと言われている。

❷炎上により変わる日常

「保守速報」のブログ記事に表示されるのはその記事がツイートされた数や、「いいね」に入った数字だけである。この数字だけでは、誰が、このブログ記事を拡散しているのかわからない。「保守速報」は、当時１日80万弱のアクセスがされる「人気ブログ」であった。李信恵さんに関するブログ記事は彼女の写真つきで大量に拡散されているので、李信恵さんはブログ記事の閲覧者に顔を知られている。しかし、李信恵さんからは、誰がブログ記事の閲覧や拡散をしているか全くわからない。

これは、被害者である李信恵さんを恐怖に陥れるには十分である。

そのため、李信恵さんは、見知らぬ人から差別されているかもしれない、攻撃されるかもしれないと思うのは当然である。

李信恵さんは、誰から差別されるのか、どんな場面で自分に対する攻撃があるかわからないという極度の緊張のなかで日常生活を送らざるを得なくなった。

「保守速報」のブログ記事は、李信恵さんの日常生活を変えた。李信恵さんはタクシーに乗るにも緊張が走った。自分の家からは離れた場所でタクシーを降りたりした。自宅に近くなると毎回道を変えて歩いた。また、「保守速報」に自分の髪の長いときの顔写真が貼りつけられていたことから、その写真が自分だとわからなくするため髪を切った。

それは、「保守速報」のブログ記事を読んで以降、裁判係属中もずっと続いた。

在特会の街宣の動画や、ニコニコ生放送の動画でも事態は全く同じである。在特会の街宣動画は、「あのピンクのババア」と言いながら、ピンクの洋服を着ていた李信恵さんの姿を執拗に追いかけて撮影した。

また、在特会のニコニコ生放送「第103回　輝け！　嫌韓アワード〜今年

064

もっとも嫌韓に貢献したのは？〜」と銘打って李信恵さんの顔写真を示しながら「嫌韓ババア」「(事実・根拠に基づかずに)心証で記事を書く希有なライター」などと侮辱をしたのである。ちなみに、このときのニコニコ生放送の視聴者は8,314人であった。

　そして高意見書は、「インターネットにアップロードされた情報は、様々な形で複製・再利用されるため、制御することは著しく困難である。(中略)したがって、長期間、場合によっては永続的に加害行為が続けられることになることになる」[12]と指摘する

　李信恵さん自身も、自分の名前を検索したときいまだに自分を誹謗中傷するツイートが出てくること、自分もこのようなサイトを見るのは苦痛だが、家族が見たときにどう思うのかと将来に対する不安も語っている[13]。

6……李信恵さんが受けた被害(2) ── 複合差別

❶なぜ、李信恵さんが標的となったか

　李信恵さんの被害は、複合差別によっていっそう深刻化した。

　この複合差別について、元百合子氏(元大阪女学院大学教員)は元意見書で、国連女性差別撤廃委員会は一般的意見28において複合差別は「『(条約)第2条に規定された複合差別は、締約国の一般的義務の範囲を理解する基礎的概念である』と断言するまでになる」[14]と論ずる。また、人種差別撤廃委員会でも一般的勧告25において、「人種差別が女性にのみ、若しくは主として女性に、男性とは異なる態様と程度で影響を及ぼす状況が公的及び私的領域にあり、そのことを明確に認識しなければ、その種の人種差別が看過されがちである」と指摘する。国連ではすでに被傷性の高いグループとして認識されていたとする。

　そして、元意見書は、李信恵さんが攻撃の標的として選択された理由について端的に指摘している。すなわち、元意見書は「人種・民族差別と女性差別の複合した動機と目的とは共通している」[15]と述べ、その目的は、被差別

の属性を持つもの「全体に屈辱感を与え屈服させる」[16]とする。

　李信恵さんが標的に選ばれたのは、「民族的出身と女性という属性を併せ持ちしかもそれを大切にし、被告らが繰り広げたヘイトスピーチに対して沈黙せず、反論し、対等に議論しようとしたこと」「日本社会と大和民族への恭順と同化を拒否し」[17]たためであるとする。

　それゆえ「被告らは、日本人男性として自らの民族的かつジェンダー的優位に依拠し、専ら人種主義的かつ女性差別的言辞を多用して原告の人間性、尊厳と人権を全面的に否定するという激しい攻撃に出たのである」[18]とする。

　在特会と「保守速報」のメッセージは明確である。李信恵さんに対しては「自分たちに屈服しろ」であり、在日韓国・朝鮮人女性に対しては李信恵さんを見せしめにして、「自分たちに屈服しなければこうなるぞ」というメッセージであった。

　元意見書は、さらに、各国のマイノリティ女性の複合差別の事例を挙げつつ、ここでの暴力には、殴打や性暴力といったほかにインドやネパールのアウトカーストの女性に対して頻発する路上での罵倒（精神的・心理的暴力）も含んでいるとする。国連が1993年に可決した「女性に対する暴力の撤廃宣言」に心理的・精神的暴力が入っているのは、「心理的暴力は肉体的暴力と同等に、時には身体的暴力以上に効果的であることが明白であり、それを知る加害者が多用しているからである」[19]。

　元意見書と同様、鄭暎惠氏（元大妻女子大学教授）の意見書では、「民族的差別とジェンダー差別双方においてターゲットとされるマイノリティ女性は、マイノリティ男性異常に差別の対象とされやす」[20]いと述べられ、差別の標的として選択されやすいとする。

　いずれの意見書も、マイノリティ女性がマイノリティ男性以上にターゲットの対象になりやすいことを指摘している。

　このように、マイノリティ女性が差別の標的となりやすいというのは、被害には男性と女性には量的な差異があることを示している。

❷複合差別の態様

それに加えて、マイノリティ女性が受ける被害は男性と異なる態様でも被害を受ける。

この点、鄭意見書は、「相手が男性なら、こんな言い方はしない。ここまで言わない－李信恵さんへのヘイトスピーチは、執拗なまでのジェンダー差別がベースにある」「レイシズムはジェンダー差別となって顕現する場合が少なくない。かつ、レイシズムの意識を持つものによるジェンダー差別はより熾烈になる」とする[21]。そして、その結果「マイノリティ男性なら受けずにすむジェンダー差別まで加えられその分幾重にも深く傷つけられる」[22]のである。

実際、「保守速報」がまとめた「2ちゃんねる」からの引用には、女性の容姿を侮辱する表現「ババア」「ブス」などは多く転載されている。また、女性に対する嫌がらせとして効果を発揮する性的な内容を含むものも多数存在する。「乳だしチョゴリマンセー」「のぶえって年中更年期障害みたいなもんだろ」「慰安婦か」「尊敬するオッパイです。オッパイ大好き」「追軍売春婦」「キャバクラかよ」など。

そして、「キチガイ」「火病」「被害妄想」「精神年齢が低い」などは、李信恵さんには無能力者扱いし正常な判断能力がないという内容も多数存在する。

さらには、李信恵さんを動物にたとえたり、非人間化する表現も多々存在する。李信恵さんが意思も感情もないかのように「おもちゃいじりすぎて壊すなよ」「雌チョン」「何人なのこのヒトモドキ」「寄生虫のくせに」等である。

李信恵さんが誹謗中傷されたことでショックを受けたことも「トンスルヒトモドキ涙目」「効いてる効いてるwww」「ファッビョーーンwwww」（「ファビョン」は「火病」と書く。これはネット上ではすぐに怒るカッとしやすいなど朝鮮人が持つ特徴として表現されている）。「あまいなw　もっと追い込めよ」「ねぇ悔しいの悔しいの？」と嗜虐的な書き込みも多数転載している

「いやなら返れ」を執拗に繰り返すものばかり引用したブログ記事、李信恵さんの死を願う引用は頻繁に出てくる。

さらには、「在日得意の嘘」「また鮮人お得意の恫喝ですか」「すぐにファビョる」など朝鮮人の特質（であると投稿者が信じている）と李信恵さんを結びつけて侮辱する表現も多く存在する。

　この点、酒井直樹氏（コーネル大学教授）は、インタビューのなかで、「私が何を考え、何を言い、どのような行動をとるかとは関係なく、ステレオタイプが押し付けられるわけです。人種の範疇によって分類されるとはまさに、このような勝手に捏造されたイメージを押し付けられることなのですね」(23)と語っている。

　民族差別も女性差別も、その民族や女性が持つネガティブなイメージをマイノリティ女性に押しつけている。個人と関係なく民族的なイメージを外部から押しつけることは個人のアイデンティティへの侵害性が高い行為である。

　「恫喝する」「火病」「嘘つき」など、在日朝鮮人女性に対する「捏造された」、すなわち何の根拠もないステレオタイプが持って生まれた性質であるかのように李信恵さんのアイデンティティとして貼り付けられ、朝鮮人も女性であることも「降りる」ことができない以上、そのレッテルを剝がすことは困難である。このレッテル貼りは、劣等的なカテゴリーに属する者として、個人をその劣等性のなかに矮小化する。そこには「李信恵」という個人に対する尊重や理解を拒絶する行為がある。

　これらの表現は、「男性ならここまで言われない」と筆者が考えたものである。

　これら「保守速報」ブログ記事は、トップに李信恵さんのツイートと顔写真を貼り、その下に「保守速報」管理人が2ちゃんねるから選択・転載した投稿が並ぶ体裁を採っている。「保守速報」にまとめられた記事は、あたかも、李信恵さんに対して、集団で「反論」や言い返しをしているように見える。

　これらのブログ記事の閲覧者は、李信恵さんを囲んで大勢の投稿者が侮辱や罵詈雑言を浴びせている「構図」として認識すると思われる。

　このような「構図」は、「民族差別があるぶんだけ、その存在と発言には価値がないとみなされ、異議を申し立てれば『生意気だ』といわれ、はっきり

意思表示をするほどハラスメントの対象とされる」[24]ことを視覚を通して認識させることにもなる。李信恵さんへの攻撃は、それを目にした在日韓国・朝鮮人女性が積極的に意見を言うことを萎縮させる、すなわち「黙らせる」効果があることは当然であろう。

❸累積的トラウマの存在

　また、マイノリティ女性の累積的トラウマが一層彼女らの被害を大きくする。

　マイノリティ女性は、差別の標的となりやすく、しかもその被害が不可視化されやすいという性質を持っている。彼女らは、この生きづらさを「自分の痛みを感じるセンサーを断ち切る」こと、「痛みに『蓋』をしてしまう」ことで乗り切ろうとするのである。これは、「強くたくましく生きる」こと、弱音を吐かずに「ひたすら働き続けること」「『負けず嫌い』で気丈な意志を培った精神力に、自分自身の身体がついていかれなくなって拒否反応を起こすまで頑張」[25]ることなどあらゆる精神力を動員して痛みに「蓋」をするのである。

　このような極限状態で、ようやくマイノリティ女性は精神の均衡を保っているのである。鄭意見書は、こうした状態は、在日韓国・朝鮮人女性の日常であったことを指摘している。

　李信恵さんも、自分が数々の差別被害を体験してきたことを、ブラックボックスのなかに入れていた。李さんのなかで、アルバイトの面接で通名を使っていた友達2人は採用され自分だけが面接に通らなかったこと、初めて入った美容院で「日本語お上手ですね」と言われたこと、名前を名乗っただけで不動産屋に「外国人はお断り」と言われたことなどの体験は「差別」と名づけられなかった。自分の努力が足りないからだと、あるいは思い過ごしとして整理され記憶のなかにおさめた。誰でも、差別をされたことは悔しいので、「思い過ごしや、自分に適性がなかったんやろ」とか「知らないんやから、気にしないでおこう」と思い込もうとしていた。

しかし社会でヘイトスピーチが垂れ流され、自分が差別される属性である
ということを目の当たりとすることで、自分の体験を「差別」によって再構
成し、「確かに差別は存在していた」という事実に直面する。自分は、民族名
を使っていたからアルバイトが決まらなかった、とか、在日朝鮮人は社会の
なかでは「いないこと」になっている、という事実に否応なしに直面するの
である。

　このように心のなかにしまっていたしてきたトラウマの蓋を開けるのがヘ
イトスピーチである。

　また、これに加えて、在日韓国・朝鮮人には歴史的な記憶に基づくトラウ
マも累積している。関東大震災のときの朝鮮人の虐殺は、民族的体験として
在日朝鮮人の心に刻まれている。在日韓国・朝鮮人は、「今は、朝鮮半島は日
本の植民地ではない、以前とは違う、大虐殺など起こるはずがない」という
確信で社会に対する信頼を保ってきている。

　さらに、これに加えて、朝鮮人女性であれば日本軍「慰安婦」の歴史的事
実も民族的体験として存在する。これも、在日韓国・朝鮮人女性は、「今は、
植民地時代とは違う、このような犠牲になるはずがない」という確信があっ
て、現在の日本を生きているのである。

　在日韓国・朝鮮人女性は、このような歴史的な民族的体験を「昔のことだ
から」と切断して社会に対する信頼を維持している。

　しかしヘイトスピーチを目の当たりにすることで、在日韓国・朝鮮人女性
は、関東大震災の大虐殺や日本軍「慰安婦」を想起し、この社会に対する安
全感や信頼感を喪失する。

　李信恵さんは、小学生の頃読んだ石坂啓さんの『安穏族』というコミック
のなかに収録されている「突撃一番」というマンガが忘れられないという。
それは日本軍の「慰安所」を描いたものである。このなかで、朝鮮人女性は
日本人女性の数倍の兵隊の性的な相手をさせられており、朝鮮人「慰安婦」
は日本人のために頑張りなさいと言われるが、終戦後紙くずになった軍票を
押しつけられて放り出されるというストーリーだったという記憶である。マ

ンガを読んだ当時、李信恵さんは、「朝鮮人の女の子はこういう目に遭うんや」と思ったという。それはもちろん誰にも言えず、心と記憶に蓋をしてきた。「昔とは違う、今はそういう目に遭うことはない」と言い聞かせながら日本社会で生活をしてきた。

このように、在日韓国・朝鮮人女性は、民族的体験や自分が受けてきた差別的体験が、累積的トラウマとなって心の奥底に沈んでい場合が多い。

李信恵さんは、裁判官の前でヘイトスピーチを浴びたときの気持ちを陳述した。

「保守速報の記事を読むたびに、この日本のなかで、在日朝鮮人として女性として、学校でも地域でも頑張ってきたこと、私がここで生まれ育ったこと、生きていくことすら全て否定されていくように感じました。全てが土台から崩れて行くような気分になりました。いままで、できれば感じないようにしたいと思ってきた『差別』への痛みがありましたが、その瘡蓋を引きはがされるような痛みを感じます」。(26)

鄭意見書は、「エスニック・マイノリティ女性に向けられたジェンダー差別と、エスニックマイノリティへの差別とは、その両者が合体することで、単純に足し算として加重されるというより、差別の質量とも別次元のものとなり、その被害の深刻度も増大する複合差別となる」(27)と言う。それは、まさに「言葉のナイフによって、致命傷となる深さにまで心的外傷が及ぶ『魂の殺人』」(28)なのである。

7……裁判を終えて考えたこと

❶SNS上の言論状況

以前の表現は、紙媒体や電波媒体が中心でありそれを独占的に利用できるマスメディアがいる一方で、その手段を持たない市民の側においては「表現の自由」の内容として「知る権利」が強調された。その状況は、いまだ軽視することはできない。

しかし現在はインターネット、とりわけSNSの普及によって、個人が社会に向かって「自由」に発信できる手段を手に入れた。そのため、SNSの分野では、社会のなかの力関係がそのままSNS上で再現される事態が生じていると思う。

　在日韓国・朝鮮人は圧倒的に少数者なので、日本人に比べて発信量の絶対量が少ない。また、在日韓国・朝鮮人は、韓国・朝鮮名でツイートをしたところ執拗な嫌がらせに遭いそれが嫌でアカウントを閉じてしまったとか、インターネットで差別的な言葉が多くなっているのでその掲示板にアクセスするのを止めてしまったなど、在日韓国・朝鮮人がインターネットの言論の場から去るという事象もある[(29)]。インターネット社会で、ヘイトスピーチが蔓延することにより、在日韓国・朝鮮人の言論は萎縮し、ますます不可視化されている。

　とりわけ、民族差別と女性差別が交差するマイノリティ女性は、差別の標的になる。李信恵さんが炎上したとき、「売春婦」「ブス」「ババア」「キチガイ」の言葉や、裸の女性の画像を貼りつけたリプライが返ってきた。李信恵さんの炎上を見た在日韓国・朝鮮人女性は李信恵さんの発言に同意をしても、それを公表すれば攻撃の矛先が自分に向く可能性が高く、萎縮し、ネット上で意見を表明することは困難となるだろう。その意味で李信恵さんは、「見せしめ」としての役割を背負わされていたのである。こうしてマイノリティ女性の「ことば」はマイノリティ男性以上に、不可視化されていっている。

　インターネット上の言論空間は、ヘイトスピーチが蔓延することにより弱肉強食の事態が生じている。インターネットの言論空間のなかでは、「言論の自由市場」というモデルが機能しないことは明らかである[(30)]。

　この状況がインターネット上だけでなく、現実の社会にも溢れてきているのが、この間の「表現の不自由展・その後」を巡る事態である。これは、インターネット上にヘイトスピーチが溢れた結果、それを現実のなかで実践する在特会が出てきたことに照応する。

　表現の自由の保障は、マジョリティにとっての「表現の自由の保障」であり、

マイノリティ女性にとっての表現の自由は一顧だにされていないのである。

❷憲法14条のこと

憲法13条は、法の前の平等を定めている。これは、すべての人を同等に扱えという規範であり、他者と自分との比較において考えられることである。そして、後段は、そこに列挙されたものは歴史的に差別されることが多かったカテゴリーであることに鑑み規定されたとする。

この規定は、他者との関係で、旧憲法では人種や性別などこの属性を持つ人たちは他の人たちの比べて対等の権利を持てなかったということである。

そして、その被差別的な属性をそれ自体として見れば、それらの属性を持つ人たちがそうでない人よりも「劣った者」として位置づけられていることによる。これは、属性によってその能力や考え方、性格などに差があることを前提としている。

人の能力、性格、好悪の感情など個人の個性とは無関係にその属性にあることにより、「劣った」アイデンティティというレッテルを外から貼るのである。

したがって、「差別」とは、他者と比べて対等ではないというだけでなく、その属性に付着したネガティブイメージを個人に対して押し付けるのである。このネガティブイメージは、自分の属している民族や女性という自分では逃れられない属性とともにある。そして、そのようなイメージを押しつける行為自体が個人のアイデンティティを侵害する。

しかし、現行憲法は、集団ないし属性から切り離された「個人の尊厳」をその最大の価値としておき、あらゆる集団は、その幸福追求のために仕えるものであるとしている。これに対して、人種差別は、集団に対する劣等的な「価値」が個人の評価を規定する。それは、集団と「個人の尊厳」との逆転現象が生じる事態だとも言える。

個人をその属性に矮小化するという意味で、差別は14条に反するだけでなく「個人の尊厳」という最も重要な憲法的価値を毀損すると考える。

❸本件裁判の意義と限界

　本件裁判の意義の一つは、裁判所が「複合差別」という観念を認めたことだ。

　この社会的な意味は、一つには「複合差別」が広い射程を持つということにある。部落差別と女性差別、障害者差別と女性差別、在日韓国・朝鮮人差別と障害者差別など、差別が交差する事件は多くある。裁判所が「複合差別」という観念を採用した意義は大きい。

　また、「複合差別」という観念は、日本の法律上にはもちろん、人種差別撤廃条約、女性差別撤廃条約上にも明記されていない。人種差別撤廃委員会、女性差別撤廃委員会の一般的意見に存在するだけである。それにもかかわらず裁判所は「複合差別」にあたるかどうかを判断した。私の知るかぎり、一般的意見には規範性が認められないとするのが一貫した裁判所の態度であった。したがって、今回の複合差別の観念の採用は、一般的意見であっても、主張の仕方によっては裁判所で採用される可能性が開かれたということを意味する。

　他方、本事件の限界もある。

　その一つは、この判決が「複合差別」と認定したにもかかわらず、この被害に対する賠償額に十分反映されなかった。

　次に、これは私たちの主張の内容にも問題があったのであるが、差別をされない権利を正面から争うのではなく、名誉毀損や侮辱における悪質性の一つであるとした。そのため、判決もこれらの不法行為の悪質性の一つとして考慮されることになった。

　最後に、本裁判では、人種差別撤廃条約6条が適用されなかったことである。同条は、差別の被害者は、裁判所に対して差別により被った損害について公正かつ適正な賠償を求めることができるとしている。朝鮮学校襲撃事件では、京都地裁決は、人種差別撤廃条約6条は裁判所を直接拘束すること、したがって、裁判所は人種差別撤廃条約6条に基づいて「公正かつ適正」な賠償額を言い渡す義務があるとした。しかし、本件事件では、裁判所がこの点に触れなかったのは残念である。

本件裁判は、李信恵さんがいなければ始まらなかった。しかし、自分の被害を繰り返し想起することは苦痛を強いることである。被害者の善意と自己犠牲によらずに被害者を救済する制度的保障が必要である。

---

(1)　髙史明「李信恵さん裁判意見書」4頁『日本女性差別事件資料集集成17　複合差別事件資料　第5巻　保守速報事件』すいれん舎、2019年（書籍の通し頁では243–249頁が髙意見書となっている）。
　　　髙史明の意見書は「在特会」裁判と「保守速報」裁判に提出した2通がある。「在特会」裁判に提出した「李信恵さん裁判意見書」の2頁にも同様の記載がある（髙史明「李信恵さん裁判意見書」2頁『日本女性差別事件資料集集成17　複合差別事件資料　第3巻　在特会事件』）。

(2)　髙史明「李信恵さん裁判意見書」4頁『日本女性差別事件資料集集成17　複合差別事件資料　第3巻　在特会事件』（書籍の通し頁では300–312頁が髙意見書である）。

(3)　髙・前掲注（2）2頁。

(4)　髙・前掲注（2）2頁。

(5)　桜庭太一「インターネットコミュニティのコンテンツ　発信の変容について　試論──『2ちゃんねる』および『2ちゃんねるまとめサイトの現状から」『専修国文』（95）専修大学日本語日本文学文化学会、2014年。

(6)　梁英聖『ヘイトスピーチとは何か』筑摩書房、2020年、119頁。

(7)　髙・前掲注（1）2頁。

(8)　髙・前掲注（1）5頁。

(9)　髙・前掲注（1）5頁。

(10)　髙・前掲注（2）4頁。

(11)　髙・前掲注（1）5頁。同旨の記述は髙・前掲注（2）4頁。

(12)　髙・前掲注（2）5頁。

(13)　李信恵の「意見陳述」。李信恵、上瀧浩子著『#黙らない女たち──インターネット上のヘイトスピーチ・複合差別と裁判で闘う』かもがわ出版、2018年、60頁。

(14)　元百合子「意見書」7頁。

(15)　前掲、元百合子「意見書」8頁。

(16)　前掲、同上。

(17)　前掲、元百合子「意見書」7頁。

(18)　前掲、元百合子「意見書」7頁。

（19） 前掲、元百合子「意見書」3頁。

（20） 鄭暎惠「意見書」『抗路』（3号）クレイン、2016年、38頁。

（21） 鄭・前掲注（20）38頁。

（22） 鄭・前掲注（20）38頁。

（23） 酒井直樹「近代化とレイシズム ── イギリス、合衆国を中心に」鵜飼哲、坂井直樹、T・モーリス・スズキ、李孝徳著『レイシズム・スタディーズ序説』以文社、2012年、166頁。

（24） 鄭・前掲注（20）41頁。

（25） 鄭・前掲注（20）42頁。

（26） 「保守速報」に対する裁判での李信恵さんの「意見陳述」李・上瀧前掲注（13）55頁。この「意見陳述」は裁判所で、李信恵さんが読み上げたものを書籍に収めた。

（27） 鄭・前掲注（20）37頁。

（28） 鄭・前掲注（20）43頁。

（29） NPO法人多民族共生人権教育センター「生野区における「ヘイトスピーチ被害実態調査」最終報告」2015年1月29日。なお、李信恵さんは、裁判所に提出した陳述書や、意見陳述でも同旨の内容を述べている。

（30） 上瀧浩子「ヘイトスピーチと表現の自由について」『GLOVE』（No.99）世界人権問題研究センター、2019年、8頁。

第 **5** 章

「ネット炎上」における
人権侵害の実態
── 計量テキスト分析からのアプローチ

明戸隆浩········立教大学社会学部助教／**曺慶鎬**········立教大学社会学部助教

1········はじめに ──「ネット炎上」における人権侵害

　ネット上の差別やヘイトスピーチ、サイバーハラスメントといった「ネット上の人権侵害」について考えるとき、特にその実態把握について重要な参照点になるものとして「ネット炎上」がある（荻上2007、田中・山口2016）。ネット炎上とは「ある人物や企業が発信した内容や行った行為について、ソーシャルメディアに批判的なコメントが殺到する現象」（田中・山口2016: 5）を指すが、こうした現象は特に対象が人であった場合、その人に対する脅迫や名誉毀損を伴うサイバーハラスメント[(1)]として現れることも多い（Citron 2014 = 2020）。この問題は2020年5月にプロレスラーの木村花さんの自死を引き起こしたことで大きな注目を集めたが、こうしたハラスメントの被害者は、1999年頃からネット上で無関係な殺人事件の犯人だと断定され攻撃され続けたスマイリーキクチさんや（キクチ2011）、2012年以降殺害予告などを含む攻撃に繰り返しさらされた弁護士の唐澤貴洋さんなど（唐澤2018）、決して少なくない。

　またここでもう一つ重要なことは、こうしたネット炎上における否定的コメントの殺到が、特定の属性に対する差別やヘイトスピーチという形をとる

ことも多いという点である。例えば2020年11月には、YouTubeで公開された
ナイキのCMが「炎上」する事件があった。このCMは在日コリアンやダブ
ルルーツを含む3人の女子中学生がサッカーを通して自分の夢を実現しよう
とするストーリーを描いたものだが、これに対してTwitter上に大量に現れた
コメントには[2]、「完全な嘘で捏造CM」「嘘差別をばら蒔いて日本国内で人
種間対立を煽るNikeは日本から出て行け」「差別プロパガンダを行う反日企
業Nike」「売上のためなら国＝国民を貶めるCMつくる人たち」「常識の範囲
外で対日敵対行為」など差別や敵愾心を煽る表現が多く見られた。このよう
にネット炎上は、対象が女性や外国人などマイノリティに関わるものであっ
た場合、問題をさらに深刻化させる形で現れることになる。

　しかしその一方で、ここで見たようなネット炎上における人権侵害や差別
の問題は、コメント側からのみ生じるとは限らない。先に見た定義にあるよ
うに、ネット炎上は「ある人物や企業の発信」と「それに対する批判的コメン
ト」の組み合わせとして成立するが、そこには例えば当初の発信が醜悪なヘ
イトスピーチであり、それに対して多くの人がそれを差別であると指摘する
現象も含まれ得る。実際2020年8月には、NHK広島放送局の「ひろしまタ
イムライン」という企画に対して批判が殺到した事件があったが、これもま
た「炎上」と表現された。この企画は1945年当時の言説を再現したツイート
を日々投稿するというものだったが、そのなかで現代においては在日コリア
ンへの差別煽動になり得る表現がなされ、これに対してその問題を指摘する
コメントが多くなされたのである[3]。ネット炎上と人権侵害あるいは差別と
いうテーマを考える際に一般的に念頭に置かれるのはコメント側の問題だが、
この事例のように当初の発信が人権侵害あるいは差別を伴うものであり、そ
れに対する批判が「炎上」と表現される事例があることに注意すべきである。

　以上のことを踏まえてあらためて確認しなければならないのは、冒頭で見
た定義がまさにそうであったように、「ネット炎上」という言葉自体には、
（「発信」「コメント」いずれについても）その内容が差別的であるか、あるいは人
権侵害を伴うかについての判断は含まれないということだ[4]。本章で行いた

いのは、こうした観点から（あえて言えば）「中立的な社会現象」としての「ネット炎上」と、「解決すべき社会問題」としての「ネット上の人権侵害」の関係について考えることである。木村さんの事件やナイキのCMの事例から明らかなように、ネット上の人権侵害はコメント側で生じることが多いが、その一方でひろしまタイムラインの事例のように、むしろ発信側の問題として考えなければいけないこともある。こうしたことを踏まえて第2節以降の議論では、前者を中心にしつつ後者も視野に入れる形で、ネット炎上というフィールドにおいて差別や人権侵害の問題がどのように生じているかについて、データをもとに検討していきたい[(5)]。

2⋯⋯⋯分析の方法

　ここでは分析対象となる炎上に関するデータの収集方法を中心に、分析の方法を説明していく。「中立的」な社会現象としての「ネット炎上」を特定するという狙いから、最初の手がかりとして「livedoor NEWS」サイトの「炎上・批判」を参照した。このサイトから、2020年の1月から12月までの1年間に範囲を絞ることで、339件のニュース記事を取り出した。

　これらの記事で扱われている「炎上」には個人を標的にするもののほか、企業や団体を標的とするものも含まれるが、ここではネット上の人権侵害という観点から見たときにより問題の大きい個人に対するものに対象を限定した。そのような条件に該当する記事は、133件であった。

　この「炎上」の事例のうち、本章ではデータの収集可能性という観点から、Twitter上で炎上現象を把握できると思われるものに分析対象を絞ることとした。具体的には、発信側のTwitterアカウントを確認できる事例のみを対象とした。そのうえで、該当するTwitterアカウントに対するリプライ（「@」で始まるツイート）について、株式会社ユーザーローカル提供のサービスを利用して、ツイートを抽出した。

　抽出対象期間を記事が掲載された日付を含む3日間としたところ、抽出ツ

ID	対象	性別	分野	記事掲載日	データ数	分析数
1	楠桂	女性	文化	2021/1/15	1,146	458
2	デーブ・スペクター	男性	芸能	2021/2/27	2,865	420
3	小池百合子	女性	政治	2021/3/31	1,911	1,197
4	浦沢直樹	男性	文化	2021/4/3	1,543	912
5	安倍晋三	男性	政治	2021/4/13	10,000	7,060
6	尾辻かな子	女性	政治	2021/4/20	2,488	1,132
7	新田真剣佑	男性	芸能	2021/5/20	1,217	1,202
8	柴咲コウ	女性	芸能	2021/5/22	5,820	1,304
9	きゃりーぱみゅぱみゅ	女性	芸能	2021/6/2	10,000	5,988
10	室井佑月	女性	文化	2021/7/2	4,194	2,676
11	石原慎太郎	男性	政治	2021/7/28	2,807	2,088
12	石垣のりこ	女性	政治	2021/8/27	10,000	8,439
13	白井聡	男性	文化	2021/9/1	2,880	808
14	岸田文雄	男性	政治	2021/9/9	1,097	778
15	つるの剛士	男性	芸能	2021/9/9	10,000	4,331
16	橋本琴絵	女性	政治	2021/9/18	3,854	2,285
17	杉田水脈	女性	政治	2021/9/29	2,165	1,159
18	茂木敏充	男性	政治	2021/11/28	3,457	3,361
19	菅義偉	男性	政治	2021/12/11	1,070	1,008
20	松井一郎	男性	政治	2021/12/19	1,457	1,270
	合計				79,971	47,876

（出典）著者作成。

イート数が1,000件を超えたのは20件の事例であった。これが「炎上」の分析対象の事例となる。

　その20件の事例と収集されたツイート数の一覧が図表5-1である。

　「対象」はそれぞれのネット炎上の事例において、発信側のTwitterアカウントの利用者名（アカウント主）である。「性別」はアカウント主の性別である。「分野」はアカウント主の活動分野を便宜上、「政治」「文化」「芸能」に分類

したものである。「記事掲載日」は参照した「livedoor NEWS」にまとめられていた炎上に関する記事の掲載日である。

「データ数」は、記事掲載日を含む3日間に、対象となっているTwitterアカウントに向けて行われたツイートの総数である。ただし、データの抽出に用いたサービスの特性上、これは「サンプリング」データであることを補足しておく。つまり収集されたツイート数は、実際のツイートの総数よりも少ないということである。特に、データ数が10,000となっている「安倍晋三」「石垣のりこ」「つるの剛士」に関するツイートは抽出可能なサンプルデータ数の上限に達しており、実際のツイート数よりもかなり少ないと推測される。このデータ数が総計で79,971件である。

だが、これらのすべてを分析対象とはしていない。データのうちの一定数が、発信側のツイートに対するリツイート（こうしたツイートもTwitterの機能上＠で始まるリプライとしてカウントされる）であった。こうしたツイートは「炎上」、つまり発信者に対して否定的なコメントが殺到するという現象を分析する観点からは不要なものであるため、分析の精度を向上させる狙いから、そのようなツイートは分析から除外した。それが「分析数」であり、その総数は47,876件のツイートである。この47,876件のツイートを、これ以降の計量テキスト分析の対象データとしている。

なお各事例が「炎上」した大まかな経緯については、図表5-2にまとめた。

3……分析の結果（1）── 全体の傾向

❶頻出語の分析

これまでに説明した手順で収集したツイートを量的に分析していくことで、その内容の特徴をつかむことを試みる。用いた分析ソフトはKHCoder（ver. 3.03d）であり、形態素解析エンジンはMecab（ver. 0.996）である（樋口2020）。

まずは、ツイートのなかで出現回数が多かった単語について述べる。漢字1文字で複合語に用いられるものを除いた、名詞のみの上位40件を示してい

図表5-2………**対象事例一覧**

楠桂（@keikusunoki）／フォロワー数：13,163

成人式帰りに娘の幼馴染が家に訪ねてきて娘の連絡先を知りたいと言ってきたので教えてあげたというエピソードを紹介しつつ「やだ〜青春だわ〜」などとツイートしたことに対し、ストーカーや宗教勧誘だったらどうするのだといった批判が。楠は「世間知らずのお人好しと痛感しました」「お騒がせして申し訳ありません」と謝罪。

デーブ・スペクター（@dave_spector）／フォロワー数：1,895,594

コロナ禍によってアーティストのライブが相次いで中止されるなか、「口パク」なら飛沫は飛ばない」などとツイートしたことに対し、「Perfumeに失礼」「AKBディスってるんですか?」などの批判が。デーブは特に反応せず。

小池百合子（@ecoyuri）／フォロワー数：918,715

新型コロナウイルスで志村けんさんが死亡した際、「コロナウイルスの危険性について、しっかりメッセージを皆さんに届けてくださった」ことを「最後の功績」と表現したことに対して、「無神経すぎる」などの批判が。小池は特に反応せず。

浦沢直樹（@urasawa_naoki）／フォロワー数：88,073

安倍晋三首相（当時）そっくりの人物がマスクをつけているイラストに「アベノマスク」というタイトルをつけてTwitterに投稿したことに対して、「いじめっ子みたい」「ファンでしたがとてもガッカリ」などの批判が。浦沢は特に反応せず。

安倍晋三（@AbeShinzo）／フォロワー数：2,257,642

星野源がYouTubeに投稿した「うちで踊ろう」に合わせて自宅でくつろぐ動画をTwitterに投稿したことに対して、「音楽の政治利用」「無神経」などの批判が殺到。安倍は特に反応せず。

尾辻かな子（@otsujikanako）／フォロワー数：19,687

橋下徹元大阪市長についてTwitterに「1講演のギャラは200万円」「普通に暮らす人々の代弁者なのでしょうか」などと書き込んだことに対して、「民間人の稼ぎに難癖」「国会議員の給料は?」などの批判が。橋下も出演したテレビ番組で尾辻を批判したが、尾辻は特に反応せず。

新田真剣佑（@Mackenyu1116）／フォロワー数：1,080,443

新型コロナウイルスの感染が拡大する沖縄に俳優の山田孝之らとともに滞在ししていたことが報じられたことに対して、「失望しました」「理解しがたい」などの批判が。新田はTwitterで直筆の署名を添えた謝罪文を公開。山田は特に反応せず。

柴咲コウ（@ko_shibasaki）／フォロワー数：327,630

Twitterで種苗法改正案に反対する書き込みをしたことが多くの反響を呼んだ。多くは共感的なものだったが、一部「農業の専門家の方の考えを学んだことはあるのですか?」などネガティブなものも。

きゃりーぱみゅぱみゅ（@pamyurin）／フォロワー数：5,109,875

「#検察庁法改正案に抗議します」のハッシュタグをツイートしたことが多くの反響を呼んだ。支持する書き込みも多かったが、なかには「歌手やってて、知らないかもしれないけど」「デタラメな噂に騙されないように」といったネガティブなものも。きゃりーは翌日にツイートを削除し、その理由についてツイートした。

室井佑月（@YuzukiMuroi）／フォロワー数：128,563

新型コロナウイルスによる院内感染で43名の死者を出した永寿総合病院に対して、出演した情報番組で「病院はこんなにコロナの患者を出しちゃったことは責められるべき。病院の経営者も反省すべき」などとコメントしたことに対して多くの反響が。ポジティブなコメントもあったが、「傷ついた医療従事者に対し謝罪を」「現場の士気を下げる」などの批判も。室井はTwitterで「こいつを殴ると決めて、殴りにきてる」「訴えるしかない」などと反論した。

石原慎太郎（@i_shintaro）／フォロワー数：65,793

医師がALSの患者を殺害した事件に触れたツイートで、ALSを「業病」と表現したことに対して、「業病の言葉の意味がわかって書いているのか」「ALSの患者さんに何の『業』があったんですか？」などの批判が。石原は数日後にTwitterで「作家ながら私の不明の至りで誤解を生じた方々に謝罪いたします」と謝罪。

石垣のりこ（@norinotes）／フォロワー数：58,185

安倍晋三首相（当時）が持病悪化のため辞意を表明したことについて「大事な時に体を壊す癖がある危機管理能力のない人物」などとツイートしたことに対して、「その発言は人としてどうかと思います」「難治性疾患にずいぶんとご理解のない国会議員ですね」などの批判が。石垣は翌日に「疾病やそのリスクを抱え仕事をする人々に対する配慮が足りなかった」などと謝罪した。

白井聡（@shirai_satoshi）／フォロワー数：21,599

安倍晋三首相（当時）の辞任について松任谷由実がラジオで「テレビでちょうど見ていて泣いちゃった」などとコメントしたことについて、Facebookに「醜態をさらすより、早く死んだほうがいい」などとコメント。これに対して「『早く死んだ方がいい』とは、あんまり」「その人間性でよく講師やれますね」などの批判がなされ、所属する京都精華大学は白井を厳重注意。白井自身もFacebookで謝罪し、投稿を削除した。

岸田文雄（@kishida230）／フォロワー数：24,524

自民党総裁選に立候補を表明した岸田文雄政調会長が、Twitterに「地元から上京してきてくれた妻が食事を作ってくれました」などのコメントとともに、自宅で食卓に座る自身と横に立つ妻の写真を投稿。これに対して「令和の時代とは思えない古い画」「なんで妻さんが料理中に自分はスマホいじってるの」などの批判が。岸田は特に反応せず。

つるの剛士（@takeshi_tsuruno）／フォロワー数：656,041

最近農作物などの盗難被害が増えているという農林水産省の公式アカウントの書き込みを受け、「うちの畑も最近パクチーやられました」「（犯人は）畑近くの工場で働いている外国人」などとツイート。これに対して「外国人は泥棒だと印象づけることになるツイートを拡散してます」「一見良い人そうに装いつつ、こうやって外国人への憎悪をガンガン煽るよね」などの批判がなされる一方、つるのを擁護するツイートも。

橋本琴絵（@HashimotoKotoe）／フォロワー数：49,772

「『産後うつ』は『甘え』」「もし奥様が『産後うつ』を言い訳にして家事や育児を怠ったら怒鳴りつけて躾けましょう」などとツイートしたのに対して、「甘えではありません。今すぐにその発言を撤回してください。」「夫に妻を『怒鳴りつけて躾けましょう』と言う事にドン引き」などの批判が。橋本は特に反応せず。

杉田水脈（@miosugita）／フォロワー数：222,828

自民党本部での会議で、女性への性犯罪について「女性はいくらでもウソをつける」と発言したとの報道があり、杉田はTwitterで「そうした趣旨の発言はしていない」と釈明。これに対して「議員やめろ」などの批判がある一方、「フェイクニュース」「マスコミに叩かれる議員こそ日本に必要な議員」などの擁護も多数。

茂木敏充（@moteging）／フォロワー数：69,112

来日中の中国の王毅国務委員兼外相との日中外相会談後の共同記者会見で、王氏が尖閣諸島周辺での日本の行動を非難したことに反論しなかったことについて、Facebookに批判が殺到。Twitterでも「なぜニヤニヤ笑いながら聞き流してるんですか」「情けない」などの批判が。茂木は「それぞれ1度ずつ発言するルールだった」と釈明。

菅義偉（@sugawitter）／フォロワー数：451,290

「ニコニコ生放送」の番組「菅義偉総理が国民の質問に答える生放送」に出演し、GoToトラベルの一時停止については特に考えていないなどと発言したことに対して、「サッサと国会を閉会しておきながら、『国民の質問に答える生放送』ですか」「今すぐにでもGoToキャンペーンを停止すると宣言してください」などの批判が。

松井一郎（@gogoichiro）／フォロワー数：395,609

2020年の1年間に計64回も公用車でホテル通いしていたとの報道があり、松井は橋下市長時代に作成した非常に厳しい公用車使用規定に従っており全く問題ないと反論。Twitterでは「恥を知れ」「見苦しい言い訳にしか聞こえません」などの批判が。

（注）フォロワー数は原稿執筆時（2021年8月）のものであるため、実際の炎上の際のものとは必ずしも一致しない。
（出典）著者作成。

図表5-3‥‥‥‥上位40位の頻出語

順位	単語	順位	単語	順位	単語	順位	単語
1	日本	11	人間	21	政権	31	医療
2	発言	12	差別	22	大事	32	検察庁
3	議員	13	危機	23	責任	33	病気
4	国民	14	言葉	24	能力	34	感染
5	安倍	15	外国	25	仕事	35	辞職
6	自分	16	問題	26	管理	36	石垣
7	総理	17	改正	27	謝罪	37	女性
8	政治	18	批判	28	理解	38	日本人
9	コロナ	19	国会	29	補償	39	支持
10	大臣	20	抗議	30	中国	40	つるの

（出典）著者作成。

るのが図表5-3である。

　最も多いのは「日本」であり、関連する単語としては「日本語」といった日本を表す単語がある一方で、それとは別の外国という意味の、「外国」「中国」といった単語が見られる。自国の人々という意味の「国民」がある一方で、政治現象を表すであろう「議員」「総理」「政治」「大臣」「国会」「政権」といった言葉が目立つ。「安倍」という文字は、2020年度の途中まで総理大臣の地位にあった安倍晋三元総理大臣を指すものがほとんどである。その他にも2020年度の検察庁法改正への抗議と関連するであろう「改正」「検察庁」「抗議」がある一方で、コロナ禍と関連する「コロナ」「感染」、人権問題と関連するだろう「差別」といった単語が見られる。また、ジェンダーが関連するものとして「女性」という単語も存在する。

　ただし、これら頻出語は、2020年の1年間に起きた「ネット炎上」の20件の事例の合算データから抽出されたものである。実際は、20件の炎上はそれぞれ異なる内容であることから、これら20件のそれぞれの事例別にツイートの内容の把握を試みる。

❷コードを利用した分析

　20件の事例別のツイート内容の分析を行うために、独自にコーディングルールを作成した（樋口2020）。コーディングルールによって関連する単語をくくることで、ツイートの内容を表すいくつかのコードを作成する。これによって炎上現象に関わるコメントの内容を、本章の問題意識に即した形で分析することが可能になる[6]。ここでは以下の4つのコードを設定した。

　まず①「否定」である。「ネット炎上」は相手に対する否定的なコメントが殺到することで生じる現象であるが、当然ながら実際にはすべてのコメントが否定的なわけではない。したがってこの「否定」コードの割合が高い事例というのは、いわば「炎上の度合い」が相対的に高いものだということになる。

　次に②「謝罪」であるが、これは相手に対して「謝罪せよ」と反省を迫るタイプのコメントによく見られるもので、広く言えば否定的なコメントの特徴の一種だとも言える。しかし実際には、一方的に罵詈雑言を浴びせるコメントと謝罪を要求するようなコメントのあいだには一定の傾向の違いがあると考えられ、それを明らかにするためにここでは別のコードとした。

　続いて③「外国」であるが、これは国の内外の線引きに関わるコードであり、こうしたコードの頻出はネット上ではやりとりの内容にかかわらず広く見られる特徴である。またイデオロギー的に見ると、こうした国の内外での線引きは右派に特徴的なものだと指摘されており（松尾2012）、これに従えばこのコードは右派的なコメントの特徴の一つを示すものだと考えることができる。

　最後に④「人権」であるが、これは相手の発信に対してそれが差別やヘイトスピーチであると指摘するようなコメントに見られるものだ。第1節でも触れたように、ネット炎上における人権侵害はコメントにおいて生じやすい一方で、もともとの発信についても生じ得る。こうした場合にその差別性を指摘するコメントも「否定的なコメント」としてネット炎上を構成する言説の一部を構成するが、これはあえてイデオロギー的に言えば、左派的なコメントの特徴を示すものだとみなすことができるだろう[7]。

　4つのコードに分類するためのコーディングルールは図表5-4のとおりで

図表5-4⋯⋯⋯コーディングルール

コード	単語
否定	悪い or おかしい or 最低 or 残念 or バカ or ダメ or 反対 or 情けない or 恥 or 酷い or 嘘 or 恥ずかしい or 失礼 or 馬鹿 or 悲しい or 煽る or ひどい or すり替える
謝罪	謝罪 or 辞職 or 反省 or 謝る or 土下座
外国	外国 or 中国 or 反日 or 韓国 or アメリカ or 米国 or 中国人 or 中共 or 移民
人権	差別 or 被害 or 中傷 or 誹謗 or 人権 or ヘイト or 侵害 or 侮辱 or 偏見

（出典）著者作成。

ある[8]。

　このコードを利用した20件の炎上案件別の分類の結果が図表5-5である。

　最下段の「合計」は20件の事例のすべてを足しあわせたツイート全体の分類である。この「合計」の結果は全体の平均ということになる。それ以外は個別の20件の案件の分類結果であるが、全体の平均よりも大きな値は網掛けにしている。

　まず、分類結果を見るとすべてのコードの該当率が平均より少ない事例が「楠桂」「デーブ・スペクター」「浦沢直樹」「安倍晋三」「尾辻かな子」「岸田文雄」「橋本琴絵」である。これ以外の事例はいずれかのコードが平均よりも多いということになっている。

　1つのコードの該当率が高い事例が、「小池百合子（外国）」「新田真剣佑（謝罪）」「柴咲コウ（外国）」「きゃりーぱみゅぱみゅ（否定）」「室井佑月（謝罪）」「白井聡（否定）」「菅義偉（外国）」「松井一郎（否定）」である。

　2つのコードの該当率が高い事例が、「石垣のり子（謝罪・人権）」「茂木敏充（否定・外国）」である。

　3つのコードの該当率が高い事例が、「石原慎太郎（否定・謝罪・人権）」「つるの剛士（否定・外国・人権）」である。

　最後にすべてのコードの該当率が高い事例が、「杉田水脈（否定・謝罪・外国・人権）」である。

図表5-5········**コーディング結果**

	否定	謝罪	外国	人権
楠桂	5.5%	1.1%	0.0%	0.9%
デーブ・スペクター	5.2%	0.7%	1.4%	1.0%
小池百合子	12.3%	0.2%	13.5%	0.8%
浦沢直樹	12.3%	0.3%	0.8%	1.0%
安倍晋三	11.1%	0.4%	1.7%	0.7%
尾辻かな子	11.9%	2.0%	0.3%	0.5%
新田真剣佑	10.3%	11.2%	0.2%	0.3%
柴咲コウ	8.6%	0.0%	19.2%	4.4%
きゃりーぱみゅぱみゅ	18.9%	5.7%	3.8%	4.0%
室井佑月	15.5%	16.3%	1.1%	6.5%
石原慎太郎	21.7%	14.5%	6.1%	10.8%
石垣のりこ	15.1%	19.3%	0.8%	10.1%
白井聡	21.8%	2.6%	5.1%	5.1%
岸田文雄	8.9%	0.0%	4.4%	2.4%
つるの剛士	19.1%	3.3%	24.1%	32.4%
橋本琴絵	8.4%	0.8%	3.8%	3.9%
杉田水脈	16.0%	10.6%	17.7%	21.4%
茂木敏充	24.3%	3.6%	36.7%	4.4%
菅義偉	12.7%	1.6%	17.8%	5.4%
松井一郎	25.3%	6.2%	2.4%	0.2%
合計	15.6%	7.2%	8.0%	7.6%

（注）複数のコードに該当するツイートがある一方で、どれにも該当しないものもあるので、全体として100.0%にはならない。
（出典）著者作成。

このコードを用いた分析結果から確認されることは、一括りに炎上とは言っても、その内実にはかなりの程度幅があるということである。まず事例ごとに該当するコードの種類が違うことから、否定や謝罪要求の程度、あるいはコメント側のアカウントの政治的傾向（「右派」的か「左派」的か）が違うことがわかる。

第1部········ネット差別の現状と闘い

また、該当率の高いコードの数も事例ごとに異なる。全く該当しない事例がある一方で、すべてのコードに該当する事例も存在する。該当するコードが多い事例は、本章の問題意識と照らしあわせると、「密度が高い」事例と言えるだろう。

　そのうえで考えてみたいのが、事例ごとの「外国」コードと「人権」コードの関係である。この2つのコードはどちらも少なからずイデオロギー的性格を含む一方で、その主張は方向性を全く異にする。「外国」コードは国の内外の線引きに関わることから、右派的なコメントが該当する傾向にある。「人権」は発信側による差別といった人権侵害を指摘する、いわば左派的なコメントが該当する傾向にある。このように方向性が全く違うだけでなくイデオロギー的には対立する傾向にあるコメントの関係を、事例ごとに見ていくことで、炎上の性質の把握を深めていきたい。

　そのために作成したのが図表5-6である。縦軸は「人権」コードの多寡を表し、横軸は「外国」コードの多寡を表す。なお見やすさを優先して、値はそれぞれの項目における全体平均からの差分としている。それぞれの軸のメモリの「0」が平均となり、「＋」符号はそれよりも大きく、「－」符号はそれよりも小さいことを意味するようになっている。

　まず、「外国」コードが平均よりも多いのが「茂木敏充」「柴咲コウ」「菅義偉」「小池百合子」である。これは国の内外の線引きに関わる右派的なコメントが多いことを意味する。

　次に「人権」コードが平均よりも多いのが「石原慎太郎」「石垣のりこ」の事例である。これは発信側の人権侵害を指摘する左派的なコメントが多いと考えることができる。

　最後が「つるの剛士」「杉田水脈」の事例である。この2つの事例は「外国」と「人権」の両コードに該当するツイートの比率が平均よりも大きい。つまり右派的なコメントと左派的なコメントというイデオロギー的に対立するコメントがせめぎあっていると考えることができる。この場合、左派的なコメントが発信側の人権侵害を指摘する一方で、右派的なコメントの少なくな

図表5-6………「外国」×「人権」の散布図

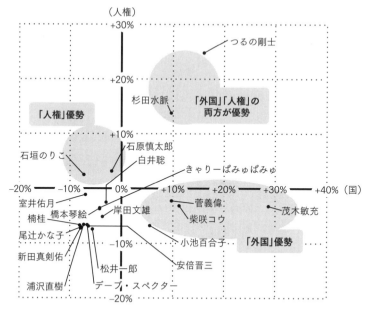

（出典）著者作成。

いものが発信側を擁護していると考えられることができる。

　炎上と言うと発信側を否定するコメントのみが一方的に殺到すると思われがちだが、コードを利用した分析の結果、発信側を擁護するコメントも同時に集まっていると思われる事例の存在を把握できた。

4………分析の結果（2）
── ネット炎上における人権侵害の実態

　ネット炎上を分析する上ではここまで見てきたような全体の傾向はもちろん重要だが、特にネット上の人権侵害という観点から考えた場合、それと同じくらいの重要性を持つのが「数は少ないが悪質なコメント」である。いく

らネット上の誹謗中傷がひどいと言っても、脅迫や明らかな侮辱、あるいは差別煽動を構成するような単語は、出現回数の多い単語を並べたときに上位〇〇位以内にランクインするようなものではないし、コードによる分析で10%とか20%とかいう割合を占めるわけでもない[9]。しかしそのことをもって、「悪質な書き込みはごく一部に過ぎない」といった結論を出すのだとしたら、それは明らかに問題の核心をとらえ損ねていると言えるだろう。1日に数百のコメントが殺到する「炎上」があったとして、仮にそこに1%でも脅迫や明らかな侮辱などの文言が含まれており、それが10日続いたとすると、それだけで数十の悪質なコメントを浴び続けることになる（そしてそれが10日で終わるのか、1年続くのかは、標的にされている本人にはわからない）。ネット炎上のなかでも特にコメント側で人権侵害の問題が生じる場合、そこで被害者に大きな抑圧となるのは、「量」であると同時に「質」である。

　ここではこうした観点から、特に悪質と思われるコメントについて質的に見ていきたいが、今回扱った総ツイート数は5万件近くに上り、個別のツイートを見ていく際には一定の優先順位の設定が必要となる。そこでここでは、各事例についてリツイート数上位50位までのツイート[10]（合計1,000ツイート）を目視したうえで、悪質なコメントが多いと思われた4つの事例に対象をしぼり、そこで見られた具体的なコメントについて見ていきたい。具体的に対象とするのは、尾辻かな子（@otsujikanako）、室井佑月（@YuzukiMuroi）、石原慎太郎（@i_shintaro）、茂木敏充（@moteging）、の4人の発言に関わる事例である。内訳は男性が2人、女性が2人、職業別では政治家が3人、文化人が1人とやや偏りがあるが、この点はコメントの内容上の悪質さを優先した。

　まず尾辻かな子（@otsujikanako）の事例であるが、これは図表5-2でも概略をまとめたように、尾辻が橋下徹元大阪市長についてTwitterに「1講演のギャラは200万円」「普通に暮らす人々の代弁者なのでしょうか」などと書き込んだことに対して、「民間人の稼ぎに難癖」「国会議員の給料は?」などの批判が寄せられた事件である。ここでの尾辻の元発言は（特に橋下を支持する側からは批判される可能性が十分あるとはいえ）人権侵害にあたるようなものではなく、ま

たそれに対する多くの批判も政治的な批判の範疇にとどまるが、実際にはリツイート上位50位までにも「立憲議員はそんな事も分からない、確かに100％クズですな」「りっけんは日本国民の敵」「#尾辻かな子はひたすら黙れ」などのツイートが入っている。また50位未満のツイートのなかには、「大阪は全力で尾辻、辻元を落選させましょう。税金泥棒です」「"チープ"って言うよりも、既に"日本人っぽくない"活動にしか思えませんけどね？この女も"日本市民"なのでは？」「このオバサンの能書き聞いてると、国や府の方針は間違っちゃいねえんだな。外野席からキーキー喚いてる#立憲民主党の能無しは黙ってろ」などが見られた。これらから読み取れるのは、尾辻の発言がそれ自体というよりも、「左派系の女性野党議員であること」と関連づけられて攻撃されているということだ。

　次に室井佑月（@YuzukiMuroi）の事例だが、これは室井が新型コロナウイルスによる院内感染で43名の死者を出した永寿総合病院に対して、出演した情報番組で「病院はこんなにコロナの患者を出しちゃったことは責められるべき。病院の経営者も反省すべき」などとコメントしたことに対して多くの批判があった事件である。室井の発言は図表5-5で見ると「謝罪」コードの割合が2番目に多く、実際質的に見ても室井の発言は医療関係者に対する侮辱であるといったコメントが頻出するわけだが、この発言を法的・準法的に見て人権侵害に当たるものだと考えることは、おそらくできないだろう[11]。そのうえで同じく上位リツイート50位までを見ると、「いい加減自分から言いだしておいて被害者面するのはおやめになったほうがよろしいかと存じますよ」「この吐き気は気候のせいですか？」「要するに、頭が悪い」「誹謗中傷されてるよ〜訴えてやる〜とほざく前に自分に非がないかもう一度考えてみろアホ、ボケ！」などのツイートが目につく。またそれ以下のツイートでは、「新婚さんなのに少しは上品になってもいいのでは。おばさん」「オバサンさ、アンタこそほんとうのことを調べもしないで、理不尽な誹謗中傷やデモを繰り広げている、って自覚はアンタ自身には無いんだね。それが不思議だわ…アハ　被害者ぶるのがお得意のようだから気付けもしないんだろうけどさ

（嘲…」「買春弁護士と金髪クソBBA笑　素敵なご夫婦ですこと笑　想像しただけでも吐きそうや(ｃ◚,_◚)」など、室井のジェンダーに悪しざまに言及するものが目立つ。また「被害者面」「被害者ぶる」といった言葉も目につくが、これは室井がTwitterで「こいつを殴ると決めて、殴りにきてる」「訴えるしかない」などと反論したことを受けたもので、これもネット上では比較的よく見られるパターンである。

　続いて石原慎太郎（@i_shintaro）の事例について見ていきたい。これは医師がALSの患者を殺害した事件に触れたツイートで石原がALSを「業病」と表現したことに対して、「業病の言葉の意味がわかって書いているのか」「ALSの患者さんに何の『業』があったんですか?」などの批判があった事件である。この事件では石原の元発言自体が障害者に対する差別（とりわけ「業病」という言葉によって偏見にさらされてきたハンセン病患者差別）にあたり、その点では当然それは批判されるべきものであるが、とはいえそれに対する批判の行き過ぎについてはさしあたり独立に検討する必要がある。そうした観点から上位50位について見ると、「業病の言葉の意味がわかって書いているのか?　言葉の意味を忘れるほど老いたのか?」「強烈な害悪でしかないので、このまま一生引っ込んでおいてください」「豊洲移転問題の百条委員会では『全ての字を忘れました』とか言ってヨボヨボしてたクセに」などが見られる。またそれ以下についても、「病人を貶める老害、恥を知れ」「こいつこそまだ生きているのかと思う」など、目立つのは高齢者差別的な表現だ。とはいえ先に触れた元発言の差別性、および元東京都知事で著名な作家である石原の影響力を踏まえるなら、この事例で優先的に問題とすべきは、やはり石原自身の発言ということになるだろう。第1節で述べたように、ネット炎上と人権侵害という論点においては、常にコメント側のみが人権侵害の問題を問われるわけではない。

　最後に茂木敏充（@moteging）の事例だが、これは来日中の中国の王毅国務委員兼外相との日中外相会談後の共同記者会見で、王が尖閣諸島周辺での日本の行動を非難したことに反論しなかったことについて、FacebookやTwitterに批判が殺到した事件である。ここでの元発言は人権侵害に関わるようなも

のではないが、こうした政治外交上の立場が強く問われる問題での「炎上」もまた比較的よく見られるものである。この事例では他と比べて一般的な罵詈雑言が多く見られるのも特徴で[12]、リツイート上位50位以内では「貴方の政治理念はなんですか？　腰抜けですよ!!」「あんたは日本を代表する外務大臣なんだぞ!!　この馬鹿やろう」、それ以下で見られるコメントも「国益護れない大臣に価値無いですね」「ボケ大臣」「売国奴は外務大臣やめてくれ!」といったものが多い。また論点の特性もあって図表5-6で示した「外国」コードの割合が最も高い事例となっているが、上の「国益護れない」や「売国奴」などはこうした傾向とも合致しており、さらに「外国人に参政権を与えるだと？　バカか?」などのように、直接元発言に関係ないが国の「内／外」との関連では強い連想が働く問題に論点が拡大されているのもこの事例の特徴となっている。

5……おわりに

　以上、量的・質的両方の観点からネット炎上における人権侵害の実態を見てきたが、この章を締めくくるにあたってまず確認しておきたいのは、この10年ほどざっくりとした形で「ネット炎上」と呼ばれている現象が、実際には様々な文脈の様々な論点について生じる、非常に多様な現象につけられた「レッテル」だということである。今回20事例という比較的多くの事例を扱ったのは、まずはこうした炎上の「多様性」を確認したかったためだ。一口に「炎上」と言っても、楠桂やデーブ・スペクターの事例のように、図表5-5で言う「否定」コードの割合も「謝罪」コードの割合も低く、質的に見ても目立った罵詈雑言が見られないものもあれば[13]、第4節で扱った4つの事例のように、かなり明確な誹謗中傷や差別的な表現が頻発するものもある。「ネット炎上」という言葉を用いる際には、それがここで見たようなかなり幅のある事例について使われるものだということ、この認識を持つことがまず重要だろう。

第1部………ネット差別の現状と闘い

またこうした「炎上」の多様性にも大きく関わることだが、第1節でもあらかじめ強調したように、特に人権侵害との関連においては元発言の悪質さの違いについても十分に考慮する必要がある。実際今回の20の事例を見ても、柴咲コウやきゃりーぱみゅぱみゅの事例のようにそもそも元発言の何が問題なのかほぼ説明しようがないもの（芸能人に多い）もあれば、安倍晋三や岸田文雄の事例のように「このタイミングでそれか」「今の時代にそれか」ということではあっても道徳的に非難されるべきとまでは言えないもの（政治家に多い）、あるいは石垣のりこや白井聡の事例のように道徳的に非難されて当然だが明確な人権侵害とまでは言いにくいもの、そして石原慎太郎や杉田水脈の事例のように人権侵害の観点から明らかに一線を越えたと思われるものまであり、一貫した基準を用いた場合には明らかに異なる判断になるだろう諸事例が、「炎上」という言葉によって一つにくくられている。こうした元発言の多様性もまた、「ネット炎上」という言葉を用いる際には必ず踏まえなければならないことである。

　以上のように「炎上」はその元発言の悪質さについてもそれに対して向けられるコメントの悪質さについても多様であるが、こうしたことの帰結として最後にあらためて明確にしておかなければならないのは、「炎上」という現象それ自体は、元発言の道徳的な善悪とは別に考える必要がある、ということだ。もう少し具体的に言えば、「炎上しているから元の発言に何か問題があったに違いない」と考えることも違うし、また逆に「炎上しているがまわりが騒いでいるだけで元発言には大した問題はなかっただろう」と考えることも違う。もちろん元発言の問題を罵詈雑言に頼ることなく的確に指摘するタイプのいわゆる「正しい」炎上というのはあり得るが、実際には差別や人権侵害に至らない「配慮を欠いた」発言や振る舞い（場合によっては「配慮を欠いた」とさえ言えないようなもの）が過剰に攻撃されたり、逆に明らかな差別発言や人権侵害が、「まあいつものことだし」とそこまで非難されずに終わったりするのが、「炎上」の実態である。特に社会学的な観点からは「否定的なコメントの殺到が生じている」ということそれ自体は認識すべき社会現象だが、

実際の道徳的ないし法的・準法的な判断は別の次元で判断されるべきだということは、「ネット炎上」を扱う際により明確にされるべきことの一つだろう。

　冒頭で触れた木村花さんの事件をあらためて引くまでもなく、ネット上の人権侵害の問題は2020年代に解決すべき最も重要な問題の一つである。そしてそうした問題において、「ネット炎上」というキーワードは、少なくとも現状を認識するうえで一定の概念的な助けとなる（実際本章の議論は、そうした前提のうえに成り立っている）。しかし実際に対応すべき社会問題はあくまでも「ネット炎上」ではなく「ネット上の人権侵害」であり、その観点からすれば元発言が問題になることもあれば、コメント側が問題になることもある。社会現象を科学的に分析することと、社会問題に対する対策を規範的に考えること。「ネット炎上における人権侵害」という論点が、こうしたある意味古典的なテーマを最も変化の激しいネットという場で体現するものであるという認識は、ネット炎上の社会科学的分析にとっても、ネット上の人権侵害の解消を目指すうえでも、今後さらに共有すべき極めて重要な前提である。

---

(1)　アメリカの法学者ダニエル・キーツ・シトロンによれば、サイバーハラスメントとは「一度限りの事件ではなく『一連の行為』に至るほどに執拗なネット上の発言によって、相当程度の精神的苦痛を意図的に与えること」である（Citron 2014: 3 =2020: 10）。

(2)　公開翌々日に関連ツイートが8,000件、リツイートも含めると43,000件を超えた。

(3)　当該ツイートが投稿された翌日の関連ツイートが1,700件、リツイート含めると22,000件を超えた。

(4)　わざわざこのようなことを確認するのは、特に報道などでは、当初の発信あるいはコメントが差別的だったり人権侵害を伴うものであったりした場合に、「炎上」という言葉をそうした差別性ないし侵害性の判断を回避するための便利な用語として使う傾向があるからだ。報道においても学術においても現象を中立的に表す言葉は必要不可欠だが、そうした言葉は差別や人権侵害の問題を曖昧にするためにあるわけではない。

(5)　以下の議論は、2020年外国人人権法連絡会委託研究「ネット上におけ

る人権侵害の不平等性についての実証研究」に基づくものである。

(6) 炎上現象を量的にとらえたこれまでの研究では、関与した人々の傾向や、その人数と割合に関する分析が行われている一方で、炎上の内容に関する分析はそれほど多くない。炎上に関わるコメントの内容の分析に注力しているという点に、本章の特徴の一つがある。

(7) 理念的に言えば差別やヘイトを批判することは本来イデオロギー的な問題ではなく、また実証的にもある程度までは左派・右派問わず見られるものだと言うことができる（明戸 2018）。しかし社会全体の傾向として考えた場合、差別やヘイトの批判が左派からなされやすいということは認めざるを得ず、ここで示したのはこうした傾向を踏まえた設定である。

(8) コーディングルールの具体的な作成方法について補足する。4つのコードに該当すると思われる単語を選ぶ際に、原則として出現頻度が100以上の単語に限定した。また、「日本」「日本人」「国家」「国民」は出現頻度が高く、広範に使われているため、その意味を特定するのが難しいため除外した。ほかに、文脈によって意味が大きく変わる単語や、他の単語と合わさることで意味を構成する一文字の単語はルール作成に際して除外した。

(9) ただし特に差別煽動について言えば、Yahoo!ニュースなどにおける特定のテーマのニュースのコメント欄においては、相当の割合の高さで極めて悪質なコメントが頻出する場も存在する（曺 2017a; 2017b, 明戸 2021）。

(10) もちろんリツイートが0件であろうが100件であろうが悪質なコメントは悪質だが、しかしコメントされた側からすると、仮に悪質さの程度が同じくらいである場合、多くの人にリツイートされているものであればあるほど、よりダメージは大きくなる（「こんなに多くの人が自分への攻撃に加担している」）。こうした点で、第一次的なふるい分けでリツイート数を基準にすることは一定の合理性を持つと考えられる。

(11) 念のために言えば、これは相手が医療関係者だから何を言っても問題ではないということではなく、特にコロナ禍との関連で言えば、例えば医療関係者やその家族に対して店や施設への入場を断るなどの行為を煽るようなことを言ったのであれば、それは当然人権侵害との関連で考えるべき問題となる。

(12) 一般的な罵詈雑言の多さという点では、今回扱った4つの事例に次いで悪質なコメントが多かった石垣のりこ（@norinotes）の事例も同様である（「クズ『本当にクソ』『品性下劣』『この女は頭がおかしい』」など）。その一方で、「つまり女性は大事な時でも生理で体調を崩すので

政治家になるなというお言葉ですかね?(ˇωˇ)スヤァ…」「じゃあ貴公は議員在職中は妊娠・出産しても国会休むなよ」のように、女性であることを理由としてなされる攻撃的表現がよく見られる点は、茂木の事例とは異なる。

(13) ただし同時に言い添えておかなければならないのは、こうした相対的な傾向が、そのまま発言者の心理的負担の低さを示すとは限らないということだ。例えば楠桂の事例では、おそらくTwitterがなければ広く知られることもなかったであろうごく日常的な判断(その判断が特にリスクの観点から見て妥当であったかはここではさしあたり措く)に対してかなり強い口調の「説教」が殺到しており、これは発言者からすれば相当のプレッシャーであったと推察される。

〈参考文献〉

● 明戸隆浩「現代日本の排外主義と『対抗言論』——『ナショナリズム』から『ヘイトスピーチ』へ」樽本英樹編『排外主義の国際比較——先進諸国における外国人移民の実態』ミネルヴァ書房、2018年、201–228頁。

● 明戸隆浩「差別否定という言説——差別の正当化が社会にもたらすもの」清原悠編『レイシズムを考える』共和国、2021年、251–69頁。

● 曺慶鎬「インターネット上におけるコリアンに対するレイシズムと対策の効果——"Yahoo!ニュース"のコメントデータの計量テキスト分析」『応用社会学研究』(59号)立教大学社会学部、2017a年、113–127頁。

● 曺慶鎬「"Yahoo!ニュース"の計量テキスト分析——中国人に関するコメントを中心に」『駒澤社会学研究』(49号)駒澤大学文学部社会学科、2017b年、115–135頁。

● Citron, Danielle Keats, *Hate Crimes in Cyberspace*, Harvard University Press, 2014(明戸隆浩、唐澤貴洋、原田學植監訳、大川紀男訳『サイバーハラスメント——現実へと溢れ出すヘイトクライム』明石書店、2020年)。

● 樋口耕一『社会調査のための計量テキスト分析——内容分析の継承と発展を目指して(第2版)』ナカニシヤ出版、2020年。

● 唐澤貴洋『炎上弁護士』日本実業出版社、2018年。

● 松尾匡『新しい左翼入門——相克の運動史は超えられるか』講談社、2012年。

● 荻上チキ『ウェブ炎上——ネット群集の暴走と可能性』筑摩書房、2007年。

● スマイリーキクチ『突然、僕は殺人犯にされた——ネット中傷被害を受けた10年間』竹書房、2011年。

● 田中辰雄、山口真一『ネット炎上の研究』勁草書房、2016年。

第1部………ネット差別の現状と闘い

第**2**部

法規制の観点から
ネット上の差別を
考える

第6章

ネット上の人権侵害に対する裁判の現状

唐澤貴洋⋯⋯⋯弁護士

1⋯⋯⋯はじめに

　本章では、インターネット上の人権侵害に対して利用される「特定電気通信役務提供者の損害賠償責任の制限及び発信者情報の開示に関する法律」（プロバイダ責任制限法）（以下、「プロ責法」と言う）に基づく手続きについての現行法、改正法の概観を示すとともに、インターネット上の人権侵害に関する近年のいくつかの裁判例を紹介し、そこでの判断構造を分析し、現在存在する人権侵害に対し、現行法の有効範囲を示すとともに、そこでの限界を踏まえて、今後どのような立法が検討されるべきかについてその視点を示していきたい。

2⋯⋯⋯権利侵害への法的対応 ── 発信者情報開示手続きを中心に

❶現行法としてのプロバイダ責任制限法

　現在、インターネット上の人権侵害に対して、発信者情報開示の点で、どのように対応していくかを簡単に示す。インターネット上で、権利侵害情報があった場合、権利侵害情報の発信者は通常、匿名であることが多いため、

権利侵害情報の削除や、権利侵害情報の公表によって、発生した精神的損害の回復を求めるための損害賠償請求を行うために、発信者を特定することが求められる。

この手続きで利用される法律が、プロ責法であり、それを受けて制定されている総務省令である「特定電気通信役務提供者の損害賠償責任の制限及び発信者情報の開示に関する法律第四条第一項の発信者情報を定める省令」（以下、「プロ責省令」と言う）である。

プロ責法は、特定電気通信役務提供者（以下、「プロバイダ」と言う）がインターネット関連サービスの提供時の管理行為として、権利侵害情報の削除や、権利侵害情報の発信者情報の開示に関して発生するプロバイダの法的責任について、一定の要件下での免責と、権利侵害情報の被害者に対して発信者情報開示請求権を認めた法律である。

発信者は、インターネット接続サービスを利用し、インターネットにアクセスし、自己が管理する端末から、権利侵害情報を発出し、インターネット上でコンテンサービスを提供しているサーバに権利侵害情報を記録する。インターネット接続サービスを利用した場合、フリーWiFiを利用していなければ、インターネット接続サービス提供事業者（Softbankなど）（以下、「経由プロバイダ」と言う）は、権利侵害情報の発信者に関する契約者情報を保有している。被害者とすれば、発信者の法的責任を追及するためには、かかる契約者情報を取得する必要があるが、直接的に契約者情報を取得する方法は、発信者が自分でサーバを立てて、権利侵害情報を発信している以外は、コンテンツサービス提供事業者（以下、「コンテンツプロバイダ」と言う）に対して、発信者情報の開示を求め、IPアドレス、権利侵害情報の発信日時の提供を受け、判明したIPアドレスについて管理している経由プロバイダに発信者情報開示請求をするという二段階の手続きを経るしかない。

この二段階の手続きは、総務省の指導のもと、基本的に裁判手続きを経る必要があったため、被害者としては、2度の裁判手続きを行う必要があった。海外のコンテンツプロバイダ（Twitter、Googleなど）に対して、法的手続きを行

う必要がある場合、日本国内のコンテンツプロバイダに対して開示請求を行うよりも、求める発信者情報の内容（携帯電話番号、メールアドレス）によって、一段階で手続きを行うこともできたが、この場合、裁判上保全手続きを利用するよりも時間のかかる海外送達手続きを利用せざるを得ず、判決まで1年以上かかることもあった。

　海外のコンテンツプロバイダにおいては、ログイン時のIPアドレスしか保有してないとする事業者（Twitter、Googleなど）もおり、ログイン時IPアドレスが、法令上、発信者情報開示の対象とされるIPアドレスなのかといった不毛な争いも裁判上繰り広げられ、被害者を置き去りにした議論を強いられることもあった。

　この二段階の裁判手続きの利用にあたっては、証拠に基づく事実の主張、その事実に対する法の解釈適用といった専門的知識が求められる手続きであるため、弁護士の利用が事実上必要とされるため、被害者としては、後の損害賠償請求での回収を期待することのできない、弁護士費用がかかっている。そもそも経由プロバイダ、コンテンツプロバイダが、事業により得ている利益についての応分の費用をかけて、権利侵害情報への対応が求められる問題について、実質的に、一方的に被害者に負担がかかる構造がそこに存在していた。大手コンテンツプロバイダについては、法的対応を任意で求めても、定型文でただ返してくるという自己の対応の正当性について疑義を感じさせる対応をしてるのが現状であり、その問題は、いまだ解決できない問題として存在している。

❷改正法としてのプロバイダ責任制限法

　同法律は、被害者にとって、大変使い勝手の悪い法律であったことから、2021（令和3）年4月21日改正、4月28日公布され、公布から1年6月以内の施行されることになっている。主たる改正点は、従来の発信者情報開示手続きに加え、非訟手続きとして新たに発信者情報開示手続きを設け、一度申し立てた手続き上で、これまでバラバラで行われていた手続きについて、五月

図表6-1⋯⋯⋯プロバイダ責任制限法の改正の概要

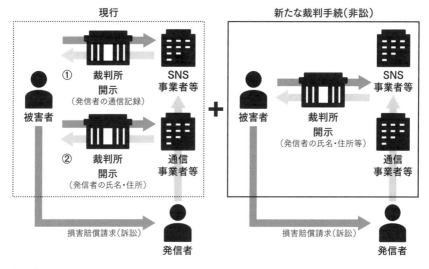

（出典）総務省資料。

雨式に行える手続きとして整備されることとなった。

　具体的には被害者が、裁判所に対し、コンテンツプロバイダを相手方とする発信者情報開示命令とともに、提供命令の申し立てを行い（改正法8条、15条1項）、裁判所により提供命令の発令をもって、コンテンツプロバイダから被害者に対し、経由プロバイダの名称提供が行われる（改正法15条1項1号イ）。

　これにより、被害者は、開示された経由プロバイダを相手方として、契約者情報の開示命令を申し立てることができるようになる。そして、被害者が、同開示命令の申し立ての事実を、コンテンツプロバイダに通知をすると、コンテンツプロバイダは、経由プロバイダに対して、保有する発信者情報（IPアドレスなど）を提供することになる（改正法15条1項2号）。最終的に裁判所より、経由プロバイダに対し、開示命令が発令された場合、発信者の契約者情報が開示されることになる。

　その他、ログイン時IPアドレスについて一定の要件のもと、発信者情報開

示対象のIPアドレスとされ、IPアドレスのログ保存を求める消去禁止命令も同手続き上で行えることとなった（改正法第16条1項）。また、新手続きを利用すれば、保全手続きによって規律されるため、経由プロバイダに対する呼び出しについても海外送達ではなく、その呼び出しが、相当と認める方法（民事保全規則3条1項）（具体的には、EMSなど）を利用できるようになり、送達にかかる時間の短縮が図られることとなった。管轄については、コンテンツプロバイダについて管轄を有する裁判所に、経由プロバイダに対する開示命令の申し立ても行えるようになり、管轄を異にするということを避けることができるようになる。

　以上のように、改正法では発信者情報開示は一連の手続きとして、従前の手続きよりも迅速化が図られるようになった。ただ、実際に、どの程度迅速化が図られるかは、運用によるところもあるので注視が必要である。

3……人権侵害関連裁判例

❶京都朝鮮学校襲撃事件（京都地方裁判所2013年10月7日判決）

①事案の概要

　在日朝鮮人の学校を設置・運営する法人である学校法人京都朝鮮学園が、2009年12月4日、2010年1月14日および同年3月28日の3日にわたって複数名が行った街頭での示威活動およびその映像をインターネットを通じて公開したことが不法行為に該当し、これにより同学園が損害（1日分1,000万円）を被ったと主張し、その複数名（関連する任意団体も被告とされている）に対し、その損害の賠償金の連帯支払を求めるとともに、その複数名に対し、法人の人格権に基づき、同様の活動の差止めを求めた事案である。

　示威活動の内容としては、学校周辺で、同校関係者に対し、拡声器を用いて、『我々はX公園を京都市民に取り戻す市民の会でございます』『主権回復を目指す会及び在特会関西の有志でございます』『（本件学校は）公園を50年も不法占拠している』『日本国民が公園を使えない』『この学校の土地も不法占

拠だ』『我々の先祖の土地を奪った。戦争中、男手がいないとこから、女の人をレイプして奪ったのがこの土地』『戦後焼け野原になった日本人につけこんで、民族学校、民族教育闘争、こういった形で、至るところ、至る日本中、至るところで土地の収奪が行われている』『日本の先祖からの土地を返せ』『これはね、侵略行為なんですよ、北朝鮮による』『ここは北朝鮮のスパイ養成機関』『犯罪者に教育された子ども』『ここは横田めぐみさんを始め、日本人を拉致した朝鮮総連』『朝鮮やくざ』『こいつら密入国の子孫』『朝鮮学校を日本からたたき出せ』『出て行け』『朝鮮学校、こんなものはぶっ壊せ』『約束というのはね、人間同士がするもんなんですよ。人間と朝鮮人では約束は成立しません』『日本に住ましてやってんねや。な。法律守れ』『端のほう歩いとったらええんや、初めから』『我々は今までみたいな団体みたいに甘うないぞ』『この門を開けろ、こらぁ』等の怒声を次々と間断なく浴びせかけ、合間に、一斉に大声で主義主張を叫ぶなどの示威活動」を行い、また「『不逞な朝鮮人を日本から叩き出せ』『日本の子どもたちの笑い顔を奪った卑劣、凶悪な朝鮮学校を我々日本人は決して許さないぞ』『北朝鮮の工作員養成機関、朝鮮学校を日本から叩き出せ』『朝鮮学校、朝鮮学校と言いますがこれはただ自分たちが学校という名前をつけただけであって、何ら我が国の認可を受けた学校でも何でもない』『ここに働く括弧付き教師についても単なる北朝鮮のもっとも優れた工作員である。教師とは縁もゆかりもない学校の名に値しない。教師の名に値しない』『戦後この朝鮮人は治安が整っていない時期に、なめたことに、旧日本軍の、陸海軍の飛行服を身につけ、土地の不法侵奪、金品略奪、強姦、銀行襲撃、殺戮、警察襲撃など、暴れまくったんです』『朝鮮人として、その自分の土地として勝手に登記し、現在に至っている』『朝鮮人を保健所で処分しろ』『犬の方が賢い』等の発言を繰り返」す、「『はーい、京都府民のみなさん、我々はこれまで50年間、朝鮮人に不当に奪い取られたX公園をやっと日本の子どもたちに取り返すことができたのです』『朝鮮学校は、学校ではありません』『みなさん、日本の文部省の認可を受けていない、ただの任意団体、この任意団体に、なぜ我々が税金を払って、教科書無償、をする

必要があるか』『ゴキブリ、ウジ虫、朝鮮半島へ帰れー』『くやしいくやしい朝鮮人は、金正日のもとに、帰れー』『京都をキムチの匂いに、まみれさせてはいけない』『ゴキブリ朝鮮人、とっとと失せろー』『日本に差別され、くやしい、くやしい朝鮮人は、一人残らず、朝鮮半島に帰れー』『朝鮮学校は、自分たちの悪行を棚に上げ、ひたすら差別だ、涙の被害者面で事実をねじ曲げようと（した。こうしたやり方は）不逞朝鮮人の伝統芸能である』『日本の子どもたちの笑い声を奪った、卑劣、凶悪な朝鮮学校……。子どもを盾に犯罪行為を正当化する不逞鮮人を許さないぞ』等の発言を繰り返」すといったものである。

②本件に対する京都地裁の判断

　裁判所は、人種差別的言動について、「わが国の裁判所は、人種差別撤廃条約上、法律を同条約の定めに適合するように解釈する責務を負うものというべきである」としながら、「もっとも、例えば、一定の集団に属する者の全体に対する人種差別発言が行われた場合に、個人に具体的な損害が生じていないにもかかわらず、人種差別行為がされたというだけで、裁判所が、当該行為を民法709条の不法行為に該当するものと解釈し、行為者に対し、一定の集団に属する者への賠償金の支払を命じるようなことは、不法行為に関する民法の解釈を逸脱しているといわざるを得ず、新たな立法なしに行うことはできないものと解される。条約は憲法に優位するものではないところ、上記のような裁判を行うことは、憲法が定める三権分立原則に照らしても許されないものといわざるを得ない」「したがって、わが国の裁判所は、人種差別撤廃条約2条1項及び6条の規定を根拠として、法律を同条約の定めに適合するように解釈する責務を負うが、これを損害賠償という観点からみた場合、わが国の裁判所は、単に人種差別行為がされたというだけでなく、これにより具体的な損害が発生している場合に初めて、民法709条に基づき、加害者に対し、被害者への損害賠償を命ずることができるというにとどまる。しかし、人種差別となる行為が無形損害（無形損害も具体的な損害である）を発生させており、法709条に基づき、行為者に対し、被害者への損害賠償を命ずるこ

とができる場合には、わが国の裁判所は、人種差別撤廃条約上の責務に基づき、同条約の定めに適合するよう無形損害に対する賠償額の認定を行うべきものと解される。やや敷衍して説明すると、無形損害に対する賠償額は、行為の違法性の程度や被害の深刻さを考慮して、裁判所がその裁量によって定めるべきものであるが、人種差別行為による無形損害が発生した場合、人種差別撤廃条約2条1項及び6条により、加害者に対し支払を命ずる賠償額は、人種差別行為に対する効果的な保護及び救済措置となるような額を定めなければならないと解されるのである」との判断を示した。

　裁判所は、被告らの示威活動および示威活動についての映像公開について、学校に対する名誉毀損および業務妨害と認定し、さらに、これらの行為は、在日朝鮮人に対する差別意識を世間に訴える意図のもと、在日朝鮮人に対する差別的発言を織り交ぜてされたものであり、在日朝鮮人という民族的出身に基づく排除であって、在日朝鮮人の平等の立場での人権および基本的自由の享有を妨げる目的を有するものとして、人種差別撤廃条約上の人種差別に該当すると認定した。

　そして、裁判所は、無形損害についての評価において、「刑事事件の量刑の場面では、犯罪の動機が人種差別にあったことは量刑を加重させる要因となるのであって、人種差別撤廃条約が法の解釈適用に直接的に影響することは当然のこととして承認されている。同様に、名誉毀損等の不法行為が同時に人種差別にも該当する場合、あるいは不法行為が人種差別を動機としている場合も、人種差別撤廃条約が民事法の解釈適用に直接的に影響し、無形損害の認定を加重させる要因となることを否定することはできない」「原告に対する業務妨害や名誉毀損が人種差別として行われた本件の場合、わが国の裁判所に対し、人種差別撤廃条約2条1項及び6条から、同条約の定めに適合する法の解釈適用が義務付けられる結果、裁判所が行う無形損害の金銭評価についても高額なものとならざるを得ない」と、人種差別的言動に基づいて生じた無形損害についての金銭的評価について、通常の名誉毀損・業務妨害よりも損害額が加重して判断されると示した。

裁判所は、上記判断のもと、被告らに対する損害賠償請求を一部認容し、差止請求にいても一部の被告に対するものについて認容した。

③本件地裁判決の評価
　裁判所は、人種差別的言動が行われただけでは、不法行為は成立せず、具体的な損害発生が必要であると判断している。この場合、具体的な損害発生をどのように認めるかで、原告適格をどのように認めるかの実質的な絞り込みが行われると考えられる。本件では、学校の周辺において複数回わたり、執拗に、学校名について言及しながら名誉毀損行為・業務妨害行為が行われた事案であった。

　本件判決では、裁判所は、名誉毀損の成立について、「本件学校を経営する原告が、1960（昭和35）年（本件学校が本件公園北側に移転した時期）から2009（平成21）年まで50年間もの長きにわたり、本件公園を不法占拠したこと、原告が本件学校の敷地も暴力で奪い取ったこと、本件学校が北朝鮮のスパイを養成していること、本件学校の児童の保護者は密入国者であることを、不特定多数人に告げるという行為あり、原告の学校法人としての社会的評価たる名誉・名声（以下、単に「名誉」と言う）を著しく損なう不法行為である」として、対象事実を原告についての社会的評価を低下させる事実に限定し、示威活動に伴う差別的言動については、別途の検討のうえ、人種差別に該当するとし、名誉毀損および業務妨害によって発生した無形損害の評価での加重事由として用いてる。

　では、本件とは異なり、ある者や集団が特定のエリアを周回する形での示威活動を行い、学校名といった具体的な言及がなく、人種差別的言動が繰り返される場合に、その言動の対象とされる集団に属する者が、損害賠償請求を行うことができるのかを考えることが、本判決により保護の対象となる者、そうでない者の限界が見えてくると考えている。

　この場合、本件判決の判断は、原告名に対する言及があることを前提として、原告に関連する個別的な社会的評価を低下させる事実を認定し、名誉毀

損と評価している。人種差別的評価に値する言動は、名誉毀損による無形損害の発生の加重事由として判断されており、人種差別的言動のみからの無形損害発生を認めているわけではない。

　となると、特定のエリアで個別名称に言及することなく、人種差別的言動が繰り返された場合では、不法行為上の名誉毀損といった評価が発言内容からできないときは、不法行為としての評価がされない可能性が多分に認められる。となると、特定エリアに居住ないし事業を行う者に対して人種差別的言動が繰り返されるような場合において、何ら抗う手立てがないのかが問題となってくる。この場合は、人種差別的言動が行われる態様をとらえて、平穏に生活する利益を害するとして主張を構成していくことは一つ考えられよう。音の大きさが日常生活において受忍すべき外音と比べてどうか、人を畏怖させるような活動であったか等をとらえて、人種差別的言動についての違法性を評価し、不法行為として構成していくのだ。

　この場合においては、人種差別的言動による継続的な被害が評価となってくるため、単に特定の集団に属しているといっただけで、一時的な被害しか発生していない場合は、当該人種差別的言動の違法性は認められず、具体的な損害の発生も認めれない可能性は否定できない。

❷大量懲戒請求事件（発信者情報開示請求事件）（大阪地方裁判所2019年4月19日判決：大阪高等裁判所2019年10月25日判決）

①事案の概要

　2017年5月に、氏名不詳者が、ブログにおいて、朝鮮学校に対する補助金の支給停止に反対する日弁連および各弁護士会の会長声明に賛同した弁護士に対して、懲戒請求を行うことを呼び掛ける内容の記事（以下、「本件投稿」と言う）を投稿したことで、2018年5月までに約3,000件に及ぶ懲戒請求がなされた件で、懲戒請求を受けた弁護士が、懲戒請求の発端となったブログ記事を書いた氏名不詳者に対して損害賠償請求等をするために、ブログ投稿者の発信者情報をブログが所蔵されているサーバのホスティングサービス提供会

社に対して、発信者情報請求訴訟を大阪地方裁判所に提起した。同裁判については、2019年4月19日に請求棄却判決（以下、「本件地裁判決」と言う）（2018年（ワ）第4833号）が出され、その後控訴によって、2019年10月25日に大阪高等裁判所にて原判決が取り消され、最終的には発信者情報の開示を命ずる判決（以下、「本件高裁判決」と言う）（2019年（ネ）第1282号）が出された。

②本件に対する大阪地裁の判断

　本件地裁判決では、権利侵害明白性要件について、（1）懲戒請求の呼び掛けを内容とする投稿をもって、「侵害情報の流通によって当該開示の請求をする者の権利が侵害されたことが明らかであるとき」に当たるか（争点1）、（2）本件投稿が原告に対する違法な名誉毀損に当たるか（争点2）が、争点として設定された。

【争点1】判決では、プロバイダ責任制限法4条1項1号「情報の流通によって」の解釈について、プロバイダ責任制限法の立法趣旨、「特定電気通信を通じた情報流通が拡大したことに伴い、他人の権利を侵害するような情報の流通に対処すべき必要が生じたこと、特定電気通信による情報発信は、他の情報流通手段と比較しても発信に係る制約が少ないために情報の発信が容易であり、しかも、いったん被害が生じた場合には、情報の拡散に比例して被害が際限なく拡大していくという特質を有すること、及び特定電気通信による情報の流通によって被害を受けた者がかかる権利侵害に適切に対処して救済をするためには、特定電気通信役務提供者から発信者情報の開示を受ける必要性が高い一方で、発信者情報は、発信者のプライバシー及び匿名表現の自由、通信の秘密等憲法上の権利を根拠として保護されるべき情報であって、その性質上いったん開示されてしまうとその原状回復が困難であることに鑑み、発信者と情報流通によって被害を受けた者の利害を調整する観点」および同文言から、「特定電気通信による情報の流通に起因する権利侵害に関しても無限定な発信者情報の開示を許容するものではなく、『情報の流通によって』、すなわち、情報の流通自体によって

個々人の権利利益の侵害が生じた場合に限って、開示請求権を認めた趣旨と解するのが相当」とした。そして、弁護士が懲戒請求を受けたことによって弁護士に生じた権利侵害は、直接的には懲戒請求によって生じたものであるから、「侵害情報の流通」によって、当該弁護士の権利が侵害されたことが明らかであると言えないとした。

　判決は、本件投稿が懲戒請求者を扇動し、不法行為と評価し得る懲戒請求が行われたとしても、直接的には、懲戒請求者の行為によって弁護士に名誉、信用等の権利利益侵害が生じたものであるから、本件投稿自体によって、権利利益侵害が起こされたものではないとし、本件投稿のような扇動表現について、発信者情報請求ができる対象の記事の埒外においた。

　そして、権利侵害明白性要件の判断のために考慮される事情の範囲について、「問題とされた権利侵害それ自体から他人の権利を侵害するものであることが明らかといえる場合をいうものと解するのが相当である。したがって、当該投稿後に現実に生じた損害の有無や発信者の主観的意図、実社会における投稿前後のやり取りなどを踏まえて初めて、対象者の被った精神的苦痛が社会通念上受忍すべき限度を超えるか否かが判断されるような場合は、侵害が明らかであるとはいえないもの」として、本件投稿以外に様々な事情を考慮しなければ、本件投稿そのものの違法性が判断できないため、権利侵害が明白であるとは言えないとした。

【争点2】判決では、本件投稿は、弁護士の行為について懲戒処分が相当であるという意見論評を述べたものであるが、朝鮮学校に対する補助金の支給に向けた活動をすること一般が、憲法および何らかの法令に反するものではなく、弁護士としての品位を損なう行為でもないことは明らかであって、同活動に関する日弁連および各弁護士会の会長声明およびこれに賛同する行為についても、表現行為の一環として、同様に法令や弁護士倫理に反するものでないことは明らかであるため、一般読者の普通の読み方を基準とした場合、懲戒請求を受けた弁護士の社会的評価を低下させるものではないと判断し、本件投稿が名誉毀損にあたらないと判断した。

③本件地裁判決の評価

　「情報の流通によって」という文言の解釈を、その情報自体によって権利侵害が引き起こされなければいけないとし、権利侵害と情報発信の直接的な因果関係を求めるのは、他者を扇動することによって権利侵害を起こそうとする表現に対しての法的責任を問う道を閉ざすことになる。インターネット上では、思想、帰属意識、価値観などを共通とする集団に特に通じるような情報の発信を行い、扇動していく情報発信は見受けられ、特異なものではない。時に、このような情報発信は、一定の集団には有意な情報として受け入れられるが、その他の集団からはまともには受け入れられないことから、「犬笛（Dog Whistle）」と呼ばれる。犬笛については、諸外国の政治においてもその問題が指摘されている。

　インターネットの出現は、差別意識を持ち、人権への理解がない者が社会には現存するということを目に見える形で見せつけた。そういった者たちの不安を煽り、誘導していく情報発信は、直接的な行為と同等、もしくは、多くの人間を巻き込み、被害を拡大していくという意味ではより悪質なものであり、これに対して、司法がどう対応していくかは喫緊の課題である。

　争点2についての裁判所の判断は、特異な集団には犬笛は聞こえるが、その他の一般の集団に本件投稿がまともに受け入れられることはないため、本件投稿によって対象となった弁護士の社会的評価は下がらないとする。しかし、社会において、特異な集団とその他の一般の集団といった明確な分断（情報の分断も含めた）は存在しない。集団間は、浸透性があり、それは人が持つ差別意識や弱さをキーとして入れ替わりが行われる。そういった社会において、扇動表現が一定の集団には有意だが、その他集団には有意でないと切って捨てることは、情報のファイヤーウォールが存在しない状態においては、扇動表現を放置し、社会にある種の危険を内包させ続けるにすぎない。裁判上明らかになった事実としては、本件投稿は、約3,000件の懲戒請求を引き起こしたのであり、その3,000人を一般ではなないと切って捨てる理屈は本件地裁判決では示されていない。

④本件に対する高裁の判断

【争点1について】裁判所は、権利侵害明白性の判断のために考慮される事情の範囲について、発信者情報開示制度が、「情報の流通によって被害を受けた者の被害者救済と情報を発信した者の保護との間の権利調整という事後的、総合的判断を求められる制度」であることから、プロバイダ責任制限法4条1項1号の「侵害情報の流通によって」とは、「権利の侵害が情報の流通自体により生じたものであることを意味するにすぎず、情報自体が開示請求者の権利を侵害することが明らかな内容であるものに限定されるものではなく、権利の侵害が明らかであるか否かは、裁判所が当該情報自体のほか、それ以外の当事者の主張した事実をも踏まえつつ、証拠及び経験則から認定した事実に基づき、違法性阻却事由の不存在などを含めて、総合判断した結果、その情報の流通自体によって開示請求者の権利が侵害されたことが明らかであると認められる場合も含まれる」とした。

　本件地裁判決とは異なり、情報の内容に限定されず、情報に起因して発生した事情を含めて、権利侵害明白性要件が判断されることが示された。

　本件高裁判決では、呼び掛け行為そのものが不法行為にあたる場合は、呼び掛け行為自体によって権利侵害が生じていると評価することができるとし、「情報の流通によって」権利の侵害が生じているものとした。

　そして、懲戒請求の呼び掛け行為が不法行為法上の違法な権利侵害行為にあたるかは、「当該呼び掛け行為の趣旨、態様、対象者の社会的立場及び対象者が被った負担の程度等を総合考慮し、対象者の被った精神的苦痛が社会通念上受忍すべき程度を超えるといえる場合には、そのような呼び掛け行為は不法行為法上違法の評価を受けると解する」とする。

　裁判所は、①本件投稿の趣旨は、「自己の考えと反対の立場や表現行為それ自体を封じ込める意図が窺われ」、②本件投稿の態様は、「懲戒請求を強く誘因する性質」、であり、③懲戒請求を受けた弁護士の活動は法令や弁護士倫理に反するものでないことは明らかであり、④当該弁護士が受けた負担は、多大な精神的苦痛であり、⑤本件投稿者の活動履歴や実際に呼び掛

けに応じて多数の懲戒請求がされたことから本件投稿の社会的影響が少なからずあったという認定のもと、「本件投稿の発信自体が、本件投稿に挙げられた本件ひな形どおりの多数の懲戒請求がされたことの不可欠かつ重要な原因になった」とし、本件投稿の発信自体によって弁護士の被った精神的苦痛は社会通念上受忍すべき限度を超えたものであると評価でき、本件投稿の発信自体によって懲戒請求を受けた弁護士の権利が侵害されたことが明らかであると判断した。

【争点2について】本件高裁判決は、本件投稿そのものについて、「本件会長声明が『違法』、これに賛同し、その活動を推進する行為が『確信的犯罪行為』、上記行為が『懲戒事由』であるという否定的な表現を強く用いている」ことから、「本件投稿によって摘示された事実及びこれを前提とする意見の表明によって、一般人においては、控訴人が違法行為ないし犯罪行為に加担したり、懲戒処分に値する非違行為を行ったりしたという否定的な印象を抱くものというべきである」とした。

⑤本件高裁判決の評価

本件高裁判決は、扇動表現について、扇動後の事情も加味した権利侵害明白性判断を行うとし、一定の影響力を持った者が正当な根拠のなく対象者を攻撃するために強く誘因する場合は、当該扇動表現について違法性が認められるとした点で、本件地裁判決と異なる判断を行った点は評価できる。

扇動表現が有する誘因力の強さや扇動表現が扇動後の事情にとって「不可欠かつ重要な原因」と言えるかは、扇動後の波及効果の予測可能性を、扇動表現がどの程度有しているか、その波及効果の最初の一波として必要不可欠の役割を果たしているかの問題であり、本件投稿のように懲戒請求の書式を用意し、その後の懲戒請求の行為の一部を構成しているような場合は、その判断は比較的容易であるが、扇動後の波及効果に必要な情報を単に提供する場合、単に扇動する場合に、どのような判断がなされるかは注意が必要である。

4………今後求められる立法

❶発信者情報開示手続きについて

　発信者情報開示手続きについては、改正法により迅速化や手続き的な利便性が向上するものと考えられるが、発信者の特定に必要な通信ログについてのプロバイダにおける統一的な規定が存在せず、通信ログの保存、発信者情報開示についての手続き外での容易性は改正法によっても担保されておらず、改正法に基づき発信者情報開示命令申し立てを行うために実質的に負担が求められる弁護士費用はどうなるのかという経済的負担の問題、権利侵害情報が発出される際に、海外のサービスが利用されることもあるといった問題は依然として残っている。

　そして、通信ログの保存期間を定める法令が存在しない現状において、プロバイダごとに異なる保存期間に配慮しながら、被害者が弁護士を見つけ、保存期間内（大手携帯キャリアは、3ヵ月であることが多い）に、手続きに取りかからなければならないことは、被害者にとって相当な負担であろう。

　ログイン時IPアドレスについても、侵害関連通信に関わる発信者情報に対して特定発信者情報といった概念を設け、権利侵害情報の発信の直前に使用されたIPアドレスであることが求められることから、契約者情報の開示に利用できるログイン時IPアドレスの範囲は限定的なものとなる。

　以上のような問題点は依然として残ったままであり、改正法の成立によって議論が留まることなく、施行までの間も必要があれば、さらに法改正を行い、被害者救済に資する対応が立法府に求められていると考える。

❷差別的言動についての原告適格について

　人種差別的言動についての違法性評価を、名誉毀損や業務妨害の違法性評価を前提とせずに、それ単独で違法性評価を行い、不法行為と認めることは、裁判所が「一定の集団に属する者の全体に対する人種差別発言が行われた場合に、個人に具体的な損害が生じていないにもかかわらず、人種差別行為が

されたというだけで、裁判所が、当該行為を民法709条の不法行為に該当するものと解釈し、行為者に対し、一定の集団に属する者への賠償金の支払を命じるようなことは、不法行為に関する民法の解釈を逸脱しているといわざるを得ず、新たな立法なしに行うことはできないものと解される」と判断していることから、新たに立法を行うことが必要とされる。

　この場合、一定のエリアに居住し、または、事業を行う者にとっては、差別言動が生活の平穏を害する程度になるまで耐えることを求めることは、その言動による法益侵害を軽視するものであり、立法的措置により、一定のエリアにおいて差別言動が繰り返し行われるような場合には、その居住者および事業者は、かかる言動に対する損害賠償請求や、差止めが行えるようにすることは必要だと考える。

❸扇動表現について

　一つの問題として、住所や通っている学校名など、対象者の情報をインターネット上に公開し、発信者が、対象者に対して何らかの嫌がらせ行為が起こることを企図している場合について考えてみると、このような場合は、そういった情報が対象者個人のプライバシー情報にあたる可能性が高く、プライバシー侵害で権利侵害を構成することはできる。それにより、発信者情報開示請求訴訟を行うことは可能であるが、本件投稿のように、呼び掛け行為そのものと同様の違法性が評価されるかは、その後の損害賠償請求訴訟で問題になってこよう。

　上記行為が、単なるプライバシー権侵害としてではなく、別途権利侵害行為を誘発している側面がある点についても、法的には評価される必要がある。その場合、その情報についてどの程度の誘因力を認めるか、扇動後の事情にとって「不可欠かつ重要な原因」と言えるかが問題となってくる。この点について考察してみると、歴史的に見て、その情報が対象者への権利侵害行為を予防するために、一般に公開されていない情報であって、社会的に対象者に対して権利侵害行為が認められていた場合は、権利侵害行為を容易にする

ためにプライバシー情報が公開されていたと評価し得るのであり、強い誘因力が認められる。そして、プライバシー情報がなければ、新たな権利侵害行為が認められなかったと言える場合は、当該プライバシー情報は扇動後の事情にとって「不可欠かつ重要な原因」と評価し得ると考える。

　今後、扇動表現により権利侵害行為が誘発された場合の、当該扇動表現の法的位置づけについては、扇動表現が内包する情報による波及効果への考察や、その情報の従前の取り扱いへの考察が不可欠であり、こういった点についての事情の収集、分析を行い、法的請求を行う必要があろう。

　本来であれば、扇動表現についての立法による手当てができればよいが、これは、表現の自由との関係からかなり深刻なハレーションが起こる可能性も否定できないため、慎重に議論を行い、立法事実に即したきめ細やかな立法をする必要がある。

第**7**章

地方自治体は ネット差別とどう向き合うべきか
―― その動向と課題

佐藤佳弘………情報文化総合研究所代表取締役

1………インターネット上での差別

❶インターネットがもたらした問題

　1995年の新語・流行語大賞トップ10に「インターネット」という言葉が
エントリーされた。インターネットが生活のなかに普及し始めたことを象徴
する出来事である。この頃のインターネット利用者はまだ少数派であった。
総務省の通信利用動向調査によると、インターネットの世帯利用率は、1996
年時点で3.3%である。

　それから20数年の間、インターネットは社会の様々な分野に浸透し、利便
性をもたらしてきた。そして、同時に多くの問題も引き起こしてきている（図
表7-1）。

❷インターネット上の人権侵害

①インターネットによる人権侵害への関心

　インターネットにおいても現実社会と同様に人権侵害が問題となっている。
インターネット上で行われる人権侵害の形は様々である。「名誉毀損」「侮
辱」「信用毀損」「脅迫」「さらし（プライバシー侵害）」「ネットいじめ」「児童ポ

図表7-1········**インターネットがもたらした問題**

1	人権侵害	19	運転中のメール・通話	37	クローン携帯
2	個人情報の流出	20	スマホの盗み見	38	スマホの不正入手
3	著作権侵害	21	無断充電	39	廃棄パソコン、スマホ
4	詐欺	22	スマホの電磁波	40	SNS疲労
5	有害・違法サイト	23	ステルスマーケティング	41	ネットリンチ
6	迷惑メール	24	健康への懸念	42	デジタルタトゥー
7	コンピュータ・ウイルス	25	闇サイト、闇バイト	43	お試し商法
8	出会い系サイトによる犯罪	26	デジタル万引き	44	アカウント乗っ取り
9	不正アクセス	27	歩きスマホ	45	エアドロップ痴漢
10	スマホ中毒、依存症	28	スパムアプリ、不正アプリ	46	バイトテロ
11	リベンジポルノ	29	クリックジャッキング	47	フェイクニュース
12	なりすましメール	30	ネット中毒、依存症	48	スマホ依存
13	サクラサイト商法	31	子供の高額料金	49	ストーカーウエア
14	学校裏サイト	32	スキミング、カード偽造	50	ディープフェイク
15	LINEいじめ	33	ネット掲示板の祭り、炎上	51	フェイクポルノ
16	無料サイトの釣り上げ	34	ネット賭博	52	デジタル誘拐
17	盗撮	35	サイバーねずみ講		
18	肖像権侵害	36	デジタルデバイド		

（出典）佐藤佳弘『インターネットと人権侵害』武蔵野大学出版会、2016年、10頁から作成。

ルノ」「ハラスメント」「差別」などがある[1]。

インターネット上の人権侵害に対する人々の関心は高い。内閣府が実施した「人権擁護に関する世論調査」によると、いくつもある人権課題のなかで43.2%の人が「インターネットによる人権侵害」を挙げている。「インターネットによる人権侵害」に関心を寄せる人の割合が5年の間に7.2ポイント上昇している（図表7-2）。

インターネットによる人権侵害に対する人々の関心は、「誹謗中傷」（62.9%）が最も高く、次に「プライバシー侵害」（53.4%）が続く（図表7-3）。誹謗中傷とプライバシー侵害はインターネットでの2大人権問題と言える。

第7章········地方自治体はネット差別とどう向き合うべきか

図表7-2········**人権課題に対する関心**（上位5項目、複数回答）

No	関心がある人権課題	2017年10月	2012年8月
1	障害者	51.1%	39.4%
2	**インターネットによる人権侵害**	43.2%	36.0%
3	高齢者	36.7%	34.8%
4	子ども	33.7%	38.1%
5	女性	30.6%	26.9%

（出典）「人権擁護に関する世論調査」の概要、内閣府、2017年12月。

図表7-3········**インターネットによる人権侵害に関する人権問題**（2017年10月調査）

No	どのような問題が起きていると思いますか？	複数回答
1	他人を**誹謗中傷**する情報が掲載されること	62.9%
2	**プライバシー**に関する情報が掲載されること	53.4%
3	ラインやTwitterなどによる交流が犯罪を誘発する場となっていること	49.0%
4	他人に差別をしようとする気持ちを起こさせたり、それを助長するような情報が掲載されること	39.6%
5	リベンジポルノ^(注)が行われていること	32.5%
6	捜査の対象となっている未成年者の実名や顔写真が掲載されていること	32.0%
7	ネットポルノが存在していること	30.0%
8	特にない、わからない	18.0%

（注）リベンジポルノ：元交際相手などの性的な画像などを、相手の同意を得ることなくインターネットの掲示板などに公表する行為。
（出典）「人権擁護に関する世論調査」の概要、内閣府、2017年12月。

②インターネットによる人権侵犯事件

　インターネットを利用した人権侵犯事件数は2018年こそ減少したものの、2012年から連続して増加を続けている。2019年にはインターネットを利用した人権侵害は、年間1,985件となった。人権侵犯の内訳では、プライバシー侵害と名誉毀損が半数以上を占めており、人々の関心と実際の事件数の傾向とが合致した形である（図表7-4）。

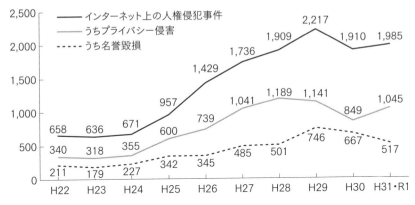

（出典）「インターネットを悪用した人権侵害をなくしましょう」法務省ホームページ（アクセス 2020年7月10日）。

2⋯⋯⋯インターネット上の部落差別

❶部落差別に関する人権侵犯事件

2016年に施行した部落差別解消推進法は、第6条で国が「部落差別の解消に関する施策の実施に資するため、地方公共団体の協力を得て、部落差別の実態に係る調査を行う」ものと規定している。これに基づき、法務省は、公益財団法人人権教育啓発推進センターに、実態調査の内容や手法に関する調査研究を委託した。同センターは、専門的知見を有する有識者で構成される有識者会議を設置し、関係者からのヒアリングや有識者による討議を行い、2018年3月に報告書をまとめている。

法務省は、有識者会議の報告書を踏まえ、2018年度から2019年度にかけて実態調査を実施した。その結果、部落差別に関する人権侵犯事件では、「識別情報の摘示」が全体の43.7%を占めており、次に「特定個人に対する誹謗中傷」が27.2%であった。2017年では、この2類型が部落差別に関する人権侵犯事件の70%以上を占めている（図表7-5）。

図表7-5·········部落差別等に関する人権侵犯事件の類型別の件数

No	類型	2013年	2014年	2015年	2016年	2017年
1	識別情報の摘示	5	16	44	24	45 (43.7%)
2	特定個人に対する誹謗中傷	20	24	28	21	28 (27.2%)
3	差別落書き等の表現行為	29	36	18	7	10 (9.7%)
4	結婚・交際に関する差別	10	17	11	11	9 (8.7%)
5	雇用差別	3	0	1	1	0 (0.0%)
6	その他	13	18	15	12	11 (10.7%)
	計	80	110	117	76	103 (100%)

（出典）「部落差別の実態に係る調査結果報告書」法務省人権擁護局、2020年6月、16頁から作成。

図表7-6·········部落差別等に関する人権侵犯事件のネット比率

No	人権侵犯事件	2013年	2014年	2015年	2016年	2017年
1	実社会における部落差別等	72	89	69	48	48
2	インターネット上の部落差別等	8	21	48	28	55
	計	80	110	117	76	103

（出典）「部落差別の実態に係る調査結果報告書」法務省人権擁護局、2020年6月、18頁から作成。

②ネット上での人権侵犯事件

　2017年の部落差別の人権侵犯事件数103件の内訳では、実社会における事件数よりもインターネット上での事件数のほうが多くなった（図表7-6）。もはや部落差別の場は実社会からインターネット上に移りつつあると言える。

　インターネット上の部落差別に関する人権侵犯事件の内訳は、いずれの年においても「識別情報の摘示」が大半を占める（図表7-7）。

　複数の自治体がインターネット上の差別表現の監視に取り組み始めているため、「識別情報の摘示」の人権侵犯事件数の増加要因になっていると考えられる。

図表7-7………**インターネット上の部落差別等に関する**
　　　　　 人権侵犯事件の類型別件数

No	類型	2013年	2014年	2015年	2016年	2017年
1	**識別情報の摘示**	5	16	44	24	45
2	特定個人に対する誹謗中傷	0	3	4	4	8
3	差別落書き等の表現行為	1	2	0	0	0
4	結婚・交際に関する差別	0	0	0	0	1
5	雇用差別	0	0	0	0	0
6	その他	2	0	0	0	1
	計	8	21	48	28	55

(出典)「部落差別の実態に係る調査結果報告書」法務省人権擁護局、2020年6月、21頁から作成。

3………インターネット・モニタリング事業

❶モニタリング事業の現状

　インターネット上の部落差別に対する自治体の取り組みとして、モニタリング事業が行われている。法務省の同実態調査に、133の自治体がモニタリングを実施していると回答し、36の自治体が実施予定または検討中であると回答している。

　モニタリング事業に取り組む自治体は、事業として機能させることに苦慮している。インターネット上の差別表現を発見したとしても、自治体にできる対処は限られており、有効な措置をとれないからである。法務省に情報を提供しても、削除される保証はないうえ、違法性を判断したのか、プロバイダに削除要請したのか、などの情報は自治体に開示されない。

　法務省は、差別書き込みを人権侵犯事件として扱うため、一切の情報を公開できないとしている。また、情報提供者に対して結果を回答する制度はないという見解である。自治体としては、法務省が対応したのか否か、また対応しなかった場合の理由は何かなどの情報を知り得ないため、モニタリング

事業が単に情報を提供する事業とならざるを得ない。

　人権侵犯事件の措置には、法的な強制力が伴わない。コンテンツプロバイダやサーバ管理者が削除要請に応じて削除するか否かは、個々のプロバイダの判断に委ねられている。また、プロバイダは、法務省に対して、削除要請に応じるか否かについて、必ずしも回答するとは限らない。そのため、法務省は、プロバイダに削除要請を行った事案について、仮に削除されたとしても、要請に応じて削除されたのか否かを網羅的に把握することは困難だとしている。

❷モニタリング事業の説明責任

　自治体が行うモニタリング事業の経費はゼロではない。職員の人件費だけでなく、監視をアウトソーシングすれば業務委託費もかかる。予算を使うからには、住民や議会に対して説明責任を果たさなければならない。ところが、モニタリング事業には、一筋縄では解決できない多くの課題が存在している。

①事業の「正しい」目的

　自治体のモニタリング事業において最も重要な点は、事業の位置づけを明確にするために目的を正しく定めることである。「正しく」という意味は、掲げた目的を達成するために、モニタリングが最も効果的な手段であると説明できなければならないということである。説明できる目的が「正しい」目的である。説明できなければモニタリング事業を正当化できない。

　もしも、モニタリングを実施することが目的であるのならば、手段の目的化であり「間違った」目的である。モニタリングのためのモニタリングとなってしまい泥沼に陥ることなる。

　すでに実施している自治体が掲げている目的には「早期発見」「拡散防止」「抑止効果」「書き込みの削減」などがある。残念ながら、これらは「間違った」目的である。それぞれ「発見できたとして、どう措置するのか?」「どのようにして拡散を防止するのか?」「どのようにして抑止するのか?」「どのよ

うにして削減するのか?」について、説明責任を果たすことができなければ、手段としてモニタリングが最も効果的とは言えなくなる。「とりあえず」始めた事業では立ち行かなくなるのである。

②差別の判定基準

　インターネット上の書き込みを機械的に差別表現と判定することはできない。どの基準に照らして誰が差別表現だと判定するのかが問題である。差別用語が含まれているということだけでは、差別表現と決めつけることはできない。前後の文脈を考慮する必要があるうえ、合理性のある統一的な説明が求められる。人によって判断が違うという状態は避けなければならない。

　学術目的や研究目的での掲載は規制の対象外となる点を逆手に取り、学術目的を装って無許可で撮影された動画を掲載する例もある。学術目的、研究目的についての客観的な判断基準も必要となる。

③モニタリングの方法

　差別書き込みが行われる場は、ネット掲示板だけではない。Twitter、Facebook、Instagramなどの SNS のほか、ニコニコ動画や YouTube など動画投稿サイトも情報流通の場である。ストーリーズ機能を使えば自動的に24時間で消去される。ClubHouse のような音声 SNS では、原則として録音されない。動画コンテンツは視聴しなければ確認できない。画像もしかりである。キーワード検索だけでは多くの差別書き込みを見逃すことになる。

　また、Yahoo!だけでもコメント投稿数は1日14万件である[2]。仮に今日の14万件をチェックできたとしても、明日の14万件は放置してよいのかという問題が生じる。

④差別書き込みの処理

　差別表現に対する削除要請は法的な強制力を有しない。法務省に情報を提供したとしても、削除要請をしたのか否かも含めて結果は知らされない。自

治体が削除を確認しようとしてアクセスすると、さらに問題が発生する。検索エンジンの検索結果の表示ロジックは公表されていないものの、最近アクセスされたページを優先して上位に表示するとされている。自治体が確認しようとしてアクセスするほど検索結果の上位に表示されることになる。結果的に自治体が差別助長に加担することなってしまう。

　住民サービスのつもりで、自治体が削除手続きを代行すると、削除に係る民事訴訟の当事者になる恐れが生じる。仮に削除できたとしても、インターネット上の図書館"Wayback Machine"には残されており、誰でも無料で閲覧できるのである。

⑤費用対効果

　モニタリング事業は、圧倒的に費用対効果が低い事業となる。インターネット上の差別に取り組む事業としての効果が問題となる。少しでも費用対効果を高めるのであれば、個々の自治体がバラバラにインターネット上を探し回るとういう非効率な方法を見直すべきである。

　一方で、自ら命を絶つほど悪質書き込みで苦しんでいる被害者が存在している。そのような被害者を早期に発見して支援する事業との優先順位も考える必要がある。予算や人員が潤沢であるならば、社会貢献という名のもとに費用対効果を度返しした事業もあり得るかもしれない。しかし、自治体の限られた経営資源を有効に使うのであれば、費用対効果や事業の優先順位を検討しておかなければ説明責任を果たせなくなる。

4………条例による自治体の取り組み

❶部落差別解消に関する条例

　部落差別解消推進法の施行を受けて、複数の自治体が部落差別解消に関わる条例を制定している。重要な点は、インターネット上の部落差別を射程に入れた条例にすることである。部落差別解消推進法の第1条には「情報化の

進展に伴って部落差別に関する状況の変化が生じていることを踏まえ」という文言が入った。この文言は、インターネット上で差別情報が流通していることを問題視したものである。この部落差別解消推進法の理念を受けて、条例を制定すべきであろう。しかし、現状ではインターネット上の差別情報の流通についての記述を含まない条例も多い（図表7-8）。

　部落差別解消に関する条例の多くがインターネット上の差別情報の流通を明示的に対象としていない。数少ない例外として、和歌山県の条例がインターネット上での差別を明記している点は評価される（図表7-9）。

　また、鳥取県八頭町もインターネット上での差別を条例に明記している（図表7-10）。

図表7-8………部落差別解消推進法の施行後に制定された条例

たつの市部落差別の解消の推進に関する条例（2017年12月25日）

加東市部落差別の解消の推進に関する条例（2018年9月26日）

福岡県部落差別の解消の推進に関する条例（2019年3月1日）

奈良県部落差別の解消の推進に関する条例（2019年3月22日）

田川市部落差別の解消の推進に関する条例（2019年4月1日）

添田町部落差別の解消の推進に関する条例（2019年9月10日）

神河町部落差別の解消の推進に関する条例（2019年12月9日）

美波町部落差別解消の推進及び人権擁護に関する条例（2019年12月12日）

智頭町部落差別の解消の推進に関する条例（2019年12月13日）

朝倉市部落差別をはじめあらゆる差別の解消を推進し人権を擁護する条例（2019年12月20日）

赤村部落差別の解消の推進に関する条例（2020年3月11日）

福津市部落差別の解消の推進に関する条例（2020年3月19日）

古賀市部落差別をはじめあらゆる差別の解消と人権擁護に関する条例（2020年3月27日）

筑紫野市部落差別の解消の推進に関する条例（2020年3月31日）

熊本県部落差別の解消の推進に関する条例（2020年6月29日）

菊陽町部落差別の解消の推進に関する条例（2020年9月11日）

（出典）株式会社情報文化総合研究所調べ。

図表7-9………**和歌山県部落差別の解消の推進に関する条例**（2020年3月24日）

（部落差別の禁止）
第3条　何人も、インターネットを通じて、公衆による閲覧、複写その他の利用をすることが可能な情報を提供することにより、部落差別を行ってはならない。

図表7-10………**八頭町部落差別撤廃及び人権擁護に関する条例**（2005年3月31日）

（町民の責務）
第3条2項
すべての町民は、インターネット等による差別及びそれらを利用したり、助長する行為をしないよう努めるものとする。

特記すべきは、鳥取県八頭町の条例は部落差別解消推進法の施行より10年以上前の2005年に制定されたということである。インターネット上の差別情報に早期から問題意識を持っていた自治体と言える。

❷ヘイトスピーチに関する自治体の動き

①インターネット上の自主規制

プロバイダなどの業界団体は、各種ガイドラインや契約に関するモデル約款を策定している。その一つである「違法・有害情報への対応等に関する契約約款モデル条項」では、「他者を不当に差別もしくは誹謗中傷・侮辱し、他者への不当な差別を助長し、またはその名誉もしくは信用を毀損する行為」を禁止事項としている。

通信関連業界4団体からなる違法情報等対応連絡会[3]は、「違法・有害情報への対応等に関する契約約款モデル条項の解説」の改訂を行い、モデル条項の当該条文の解説部分に、ヘイトスピーチや同和問題に関する解説を加えて、2017年3月15日に改定した。

自治体は、特定の民族や国籍の人々を排斥する差別的言動（いわゆるヘイト

図表7-11……… **大阪市ヘイトスピーチへの対処に関する条例**（2016年1月）

（定義）
第2条　この条例において「ヘイトスピーチ」とは、次に掲げる要件のいずれにも該当する表現活動をいう。
2　この条例にいう「表現活動」には、次に掲げる活動を含むものとする。
（2）インターネットその他の高度情報通信ネットワークを利用して他の表現活動の内容を記録した文書図画又は画像等を不特定多数の者による閲覧又は視聴ができる状態に置くこと。

図表7-12……… **東京都オリンピック憲章にうたわれる人権尊重の**
　　　　　　　　　　理念の実現を目指す条例（2019年4月）

（定義）
第9条2項　表現活動　集団行進及び集団示威運動並びにインターネットによる方法その他手段により行う表現行為をいう。

スピーチ）に関する条例を制定している。契約約款モデル条項にヘイトスピーチが含められたことを受けて、条例でもインターネット上での差別表現を対象にすることが求められる。

②ヘイトスピーチに関する条例

　大阪市は、「大阪市ヘイトスピーチへの対処に関する条例」をヘイトスピーチ解消法[4]に先行して制定した。ヘイトスピーチに関して拡散防止措置等を定めた全国最初の条例である。この条例には、インターネットを利用した表現活動も対象にすることが明記されている（図表7-11）。

　東京都は、大阪市に続いてヘイトスピーチに関して拡散防止措置等を定めた条例を制定した。条例では、表現活動にインターネットによる表現も含むとしている（図表7-12）。

　2019年12月16日に施行された「川崎市差別のない人権尊重のまちづくり条例」は、ヘイトスピーチに対する禁止規定を設けるとともに、「本邦外出身者に対する不当な差別的言動」の禁止命令への違反者に対する刑事罰を備え

図表7-13⋯⋯⋯**香川県観音寺市公園条例**（2017年10月11日）

（行為の禁止）

第5条　公園においては、次に掲げる行為をしてはならない。（略）

(8) 人種、国籍その他の出自を理由とする不当な差別的取扱いを誘発し、又は助長するおそれのある行為をすること。

た全国最初の条例である。第17条において、インターネットでの本邦外出身者に対する不当な差別的言動も対象であることが明記されている。

　なお、大阪府は、2025年日本国際博覧会を見据えて、国際都市にふさわしい環境を整備するために「大阪府人種又は民族を理由とする不当な差別的言動の解消の推進に関する条例」を2019年11月に施行している。しかし、残念ながらインターネット上の差別表現に関する記述はない。

　香川県観音寺市公園条例は、ヘイトスピーチを禁止事項とした全国初の施設条例である。「人種、国籍その他の出自を理由とする不当な差別的取扱いを誘発し、又は助長するおそれのある行為」を禁止行為とした（図表7-13）。ヘイトスピーチの恐れがある場合は、公園の利用を禁止しており、違反者には5万円以下の過料を定めている。しかし、同条例はインターネット上のヘイトスピーチについて定めたものではない。

　ヘイトスピーチ解消法を受けて、本邦外出身者や外国人に対する不当な差別の解消や禁止を含んだ条例がいくつか制定されている。しかし、インターネット上での差別を明記していない条例も多い（図表7-14）。

5⋯⋯⋯⋯法務省の差別書き込み対応

❶インターネット上の「不当な差別的言動」

　特定の個人を対象にとしていない場合、現実的にはネット上の差別書き込みへの対処は難しくなる。これは自治体が対応に苦慮している点である。

　法務省は、「不当な差別的言動」を次のように定義している。「特定の者に

図表7-14………ヘイトスピーチを含んだ条例

世田谷区多様性を認め合い男女共同参画と多文化共生を推進する条例（2018年4月1日）

国立市人権を尊重し多様性を認め合う平和なまちづくり基本条例（2019年4月1日）

半田市多文化共生社会の推進に関する条例（2019年4月1日）

神戸市外国人に対する不当な差別の解消と多文化共生社会の実現に関する条例
（2020年4月1日）

（出典）（株）情報文化総合研究所調べ。

対して、その者の有する人種、民族、信条、性別、社会的身分、門地、障害、疾病又は性的指向の共通の属性を理由とする侮辱、嫌がらせその他の不当な差別的言動を内容とする情報をインターネット上に流通させる場合をいう」[5]。

　法務省は、「不当な差別的言動」の定義にある「特定の者」には集団も含まれるとしている。「集団等が差別的言動の対象とされている場合であっても、①その集団等を構成する自然人の存在が認められ、かつ、②その集団等に属する者が精神的苦痛等を受けるなど具体的被害が生じている（又はそのおそれがある）と認められるのであれば、やはり救済を必要とする『特定の者』に対する差別的言動が行われていると評価すべきこととなる」[6]と説明している。

　要件となっている「その集団に属する者が精神的苦痛等を受けるなど具体的被害が生じている」のか否かの判断をしなければならない。この問題について法務省は、「社会通念に照らして客観的に判断されたい」[6]としており、難しい判断を自治体に委ねる形になっている。

② インターネット上の「識別情報の摘示」

　法務省は、「識別情報の摘示」を次のように定義している。「人種、民族、信条、性別、社会的身分、門地、障害、疾病又は性的指向についての共通の属性を有する不特定多数の者に対して当該属性を理由として政治的、経済的又は社会的関係における不当な差別的取扱いをすることを助長し、又は誘発す

る目的で、当該不特定多数の者が当該属性を有することを容易に識別することを可能とする情報をインターネット上に流通させる場合をいう」[7]。

　法務省は、法務局と地方法務局に、同和地区に関する識別情報を摘示することの違法性について、2018年12月に次のように通知している。「特定の地域が同和地区である、又はあったと指摘する行為も、このような人権侵害のおそれが高い、すなわち違法性のあるものであるということができる」[8]。

　識別情報の摘示は、違法性があると判断しており、削除要請の対象とすべきとしている。「同和地区に関する識別情報の摘示は、目的の如何を問わず、それ自体が人権侵害のおそれが高い、すなわち違法性のあるものであり、原則として削除要請等の措置の対象とすべきものである」[8]。

　この通知に基づいて、インターネット上で行われている「不当な差別的言動」と「識別情報の摘示」に対して、削除要請が行われることが期待される。ただし、法務局や地方法務局が依命通知に従って、プロバイダに対して削除要請の措置をしたとしても、法的な強制力がないため削除される保障はない。

❸インターネット上での差別書き込みの違法性

　2016年に人権に関する法律が相次いで施行された。障害者差別禁止法[9]、ヘイトスピーチ解消法[4]、部落差別解消推進法[10]である。これらは人権三法とも差別解消三法とも称される。

　差別解消のために作られた法律であるにもかかわらず、三つの法律ともにインターネット上での差別情報の流通を禁止していない。つまり、インターネット上では障害者差別も外国人差別も部落差別も、違法行為となっていない。違法とする根拠の法がなく、差別書き込みは法で禁止も制限もされておらず、したがって罰則もない状態である。

　教育機関では子どもたちに「差別はいけないこと」だと教えながら、実社会に目をやれば法は差別表現を違法としていない。社会的には不適切でも法的には「やってもよい」状態にある。法的な根拠がないため、自治体はインターネット上の差別表現に対しては、お願いベースで対処せざるを得ないと

いう苦しい立ち位置にある。

---

(1)　佐藤佳弘『インターネットと人権侵害——匿名の誹謗中傷〜その現状と対策』武蔵野大学出版会、2016年、18頁。

(2)　Yahoo! JAPAN は、Yahoo! ニュースにおいてコメント投稿数を公表している（「「Yahoo! ニュースがコメント機能を続ける理由〜1日投稿数14万件・健全な言論空間の創出に向けて〜」（2015年9月2日）。

(3)　参加団体：電気通信事業者協会、テレコムサービス協会、日本インターネットプロバイダー協会、日本ケーブルテレビ連盟。

(4)　「本邦外出身者に対する不当な差別的言動の解消に向けた取り組みの推進に関する法律」（2016年6月3日施行）。

(5)　「インターネット上の人権侵害情報による人権侵犯事件に関する処理要領について（通知）」（法務省権調第604号）法務省人権擁護局調査救済課、2004年10月22日（2016年12月21日改正）。

(6)　「インターネット上の不当な差別的言動に係る事案の立件及び処理について（依命通知）」（法務省権調第15号）法務省人権擁護局調査救済課、2019年3月8日。

(7)　前掲注5と同上。

(8)　「インターネット上の同和地区に関する識別情報の摘示事案の立件及び処理について（依命通知）」（法務省権調第123号）法務省人権擁護局調査救済課、2018年12月27日。

(9)　「障害を理由とする差別の解消の推進に関する法律」（2016年4月1日施行）。

(10)　「部落差別の解消の推進に関する法律」（2016年12月16日施行）。

第 8 章

ドイツの「ネットワーク執行法」に学ぶ
—— サイバー・ヘイトの問題を中心に

金尚均⋯⋯⋯⋯龍谷大学法学部教授

1⋯⋯⋯⋯問題の所在

❶ネット上の情報の特殊性

　インターネット上のバーチャル空間での表現とフィジカルな空間における表現のいずれも、他人の権利や法益を侵害する場合に法的規制の対象となる。後者は、公然と大きな声で特定の事実の摘示や特定の事柄に関する論評をすることなどが典型であるが、人の声であれば発話の終了とともに消えてしまう。また、文書による表現は伝播力があるものの、人の手によってできるかぎり回収が可能である。これによって不当な差別的表現や名誉毀損表現の拡散を防ぎ、被害が甚大になることを防ぐことができる。社会において法益侵害的表現を人々が認識するに至る可能性が軽減し、また認識したとしても記憶から消えていく。フィジカルな空間での表現は人々の記憶から消えていき、忘れられていくのである。

　これに対して、前者・インターネット上の表現は異なる。ここでの表現は、消えない、正確には消せないのである。いったんネット上に書き込みした表現は、投稿者本人が削除できる段階を過ぎてしまうと、本人はこれを削除または回収できない。コンテンツプロバイダが削除してくれないかぎり、掲載

され続ける。また削除してくれたとしても、それ以前に第三者によってコピーされてしまうと、これを回収することは物理的に困難である。これらの一連のことは、インターネット上の表現がどこか誰かのサーバーに蔵置され、特定サイトに掲載され続けることで、人間の脳以外の外部の装置により記憶されることを意味する。人間の脳以外の記憶装置、つまりコンピュータによる記憶は、人為的操作によらなければ消すことができない。そもそもインターネット技術の必要性は、デジタル情報を1ヵ所に集中して保管するのではなく、分散管理することで情報がなくなることを防ぐことにあった[1]。このことから、情報が残り続ける。ときに、ある情報がインターネット上に掲載されるかぎり、人々が記憶し続けるという努力をせずとも、外部の記憶装置が記憶し続けてくれることで人々の意識から消えていくことがない、逆に言うと消えることができない。当該情報が権利または法益侵害を発生させた場合、情報は拡散し、被害者の被害が継続する。情報拡散の点からすると、現行刑法の名誉毀損罪・侮辱罪等の表現犯の制定当時の公然性の規模と範囲においておのずと異なる。またインターネットが一般に普及し始めた1995年以降とその前とでも異なる。

❷情報の削除の必要性

　以上のようなインターネット上の表現の特殊性に照らして、――表現の自由を保障しつつ――インターネット上の表現・情報の拡散性と被害の継続性に則した対応が求められる。ここで急務なことは、被害を最小限に食い止めるためには情報を拡散させないことである。そのためにはどうするかと言えば、まず先に、問題のある情報を削除することである。権利または法益侵害を発生させた情報を削除することで被害拡散を防止したうえで、刑法上の訴追のためまたは民法上の損害賠償請求のために発信者情報をプロバイダに開示請求することが求められる[2]。削除すべき情報がインターネット上に掲載され続けることで被害者の被害回復が困難になることから、それゆえ、インターネット上の救済の順序としては、違法有害情報の削除→発信者情報の開

示→刑事処罰および民事上損害賠償ということになる。

2……ドイツネットワーク執行法とその改正の動向

❶ドイツネットワーク執行法の概要

　削除について立法化したのがドイツ「ソーシャルネットワークにおける法執行の改善に関する法律」（以下、「ネットワーク執行法」と言う〔2017年制定〕）（Gesetz zur Verbesserung der Rechtsdurchsetzung in sozialen Netzwerken〔Netzwerdurchsetzungsgesetz - NetzDG〕）である[3]。ドイツ政府の立法提案では[4]、「ネットにおける議論文化は、しばしば攻撃的、侵害的で、しかも少なからず憎悪に満ちている。有効に対処され訴追されていないヘイトクライムや他の犯罪は、自由で、開かれたそして民主的な社会の平穏な共同生活にとって大きな危険をはらんでおり、そのうえ、アメリカ大統領選挙の経験からドイツ連邦共和国においても、SNSにおける可罰的な虚偽の情報（Fake News）への対処は極めて重要である」[5]と示されている。それゆえ、民衆扇動、侮辱、侮蔑または犯罪を見せかけることによる公的平穏の攪乱などのような客観的に可罰的なコンテンツ・情報を迅速に削除するために、SNS上における法の執行の改善が求められた。民衆扇動、侮辱、侮蔑または犯罪を見せかけることによる公的平穏の攪乱などのような客観的に可罰的なコンテンツ・情報を迅速に削除するために、SNSにおける法の執行の改善が必要とされた。

　本法の要旨は以下のとおりである。

①ドイツ国内に200万人以上の利用者のいるSNSの事業者を対象とする。
②利用者が簡単にアクセスでき、かつ常に利用できる苦情手続きを提供する。
③利用者の苦情を遅滞なく受け取り、刑法上問題になるか否かの検証をする。
④明らかに刑法上問題になる内容の表現は、苦情を受け入れてから24時

間以内に削除または情報へのアクセスを阻止する。

⑤苦情に関する決定について、苦情を申し立てた者および書き込み利用者に理由を説明する。

⑥社会ネットワークの運営者は、苦情に関する有効な処理システムを整えず、特に処罰に値する内容の表現を完全または迅速に削除しない場合には、秩序違反法違反。苦情処理に関する責任者には最高500万ユーロ、企業に対しては最高5000万ユーロの過料を科す[(6)]。

　本法が制定される前史としては、2015年12月16日、ドイツ政府は、Facebook社やGoogle社と、ヘイトスピーチなどドイツで違法とされる書き込みについて可能なかぎり24時間以内に削除することで合意をした。ヘイトスピーチに気づいた利用者が簡単に事業者に報告できる仕組みを確保し、報告を受けた書き込みの大半についてその内容を24時間以内に確認し、必要があれば速やかに削除する仕組みを構築するはずであった。が、この合意に基づくこれらホスティング・プロバイダ側の対応は必ずしも十分ではなかったとされる。

　特に情報の削除について、ネットワーク執行法3条1項は、次のように規定している。

1　遅滞なく、苦情を認識し、苦情に示されている内容が違法か否かおよび削除または情報へのアクセスを妨げなければいけないか否かを判断する。

2　苦情が行われた後、明らかに違法な内容は24時間以内に削除または情報へのアクセスを妨げる。SNSが刑事訴追機関と協力して削除または情報へのアクセスを妨げるためにより長期の時間を必要とする場合は、このかぎりではない。

3　すべての違法な内容は、遅滞なく、原則的に、苦情の到達後7日以内に削除または情報へのアクセスを妨げなければならない。以下の場合には、7日間を超えることができる。

  a) 違法性の判断が、摘示事実が真実でないことまたは明らかに他の諸般の事情による場合。運営者は利用者に対して弁明の機会を与えることができる。

  b) 事業者は7日間以内の決定をネットワーク執行法6項から8項までに基づいて設置された自己規制機関に委ね、かつそれらの判断に従う場合。

 本規定は、一方で、刑法上禁止されている（刑法上の規定に抵触する可能性の高い）表現行為を削除する[7]。他方で、民法上の権利侵害に対する妨害者責任の問題である[8]。苦情に基づく削除またはブロッキングなどのための制度を整備しなかった場合には、不作為責任を理由にドイツ秩序違反法に基づいて過料を科せられる。本法における投稿などの情報の削除またはブロッキングの法的根拠は妨害者責任にある[9]。その対象は刑法上の違法情報である。本規定に基づき、SNSプロバイダは、第1段階として、投稿された内容がコミュニティガイドラインに抵触する場合には[10]、世界中の自己のサイトから当該投稿を削除する[11]。第2段階として、投稿がドイツ刑法に抵触する場合、当該情報へのドイツからのアクセスを阻止する[12]。よって、コミュニティガイドラインに対する抵触と法執行法に対する抵触の判断手続きは別々の枠組みに行われるわけではない[13]。

❷ヘイトクライムの深刻化とネットワーク執行法の改正

 ネットワーク法施行後3年が経過した2020年（2020年4月27日連邦議会提出）[14]、ネットワーク執行法の改正案がドイツ政府より提出された。その背景として、この間のドイツにおける差別動機に基づく犯罪・ヘイトクライムが深刻化していることが挙げられる。本改正案によれば、インターネット上の可罰的ヘイトスピーチの撲滅の必要は変わりなく現実的に存在し、民衆扇動罪や脅迫罪のような可罰的な攻撃は甘受できない。

 このことはインターネットにも当てはまる。このことに加えて、可罰的な

ヘイトスピーチは、市民の生命および身体への日常的攻撃へと誘引し得る。ドイツ・ヘッセン州カッセル地区長に対する謀殺、ハレにおけるシナゴーグ周辺の襲撃は人々の不安を駆り立てるきっかけとなった。

このことは、2020年2月、ハナウで起こった極右主義者による攻撃も同じである。この事件では、行為者は事前に人種差別的情報をSNSに投稿し、これが拡散された[15]。そのうえ、可罰的なヘイトスピーチは強く人々を委縮させる。これにより社会的または政治的参加は自粛するようになり、市民はインターネット上での議論を控えまたは参加しないようになる。この可罰的なヘイトスピーチがもたらす萎縮効果は、個々人の意見表明や行動の自由と並んで民主的議論そのものを危険にさらし、これにより民主主義全体の基盤を危険にさらす。さらに、ヘイトスピーチはしばしば女性や人種などのマイノリティに向けられ、これは自由で開かれたかつ民主的な社会を重大な危険にさらすことを考慮すべきだとされている。

このような背景を受けた主な提案は次のとおりである。

- EU視聴覚メディアサービス事業に関する指令の国内履行（2020年9月19日期限）——動画共有サイトの規制。
- ユーザの権利強化——発信者側の権利の確立——反論手続きの保障——2週間以内の申し立て。
- （不当に削除された情報の）再掲載のための申し立てに対して国内の全権代理人が管轄を有するようにすること。
- 交渉・和解とそのための民間機関の設置（第3条cの新設）。
- 苦情申し立て手続きのさらなる変更——苦情申し立てをするユーザにとっての利便化・発信者情報開示の強化。
- 通信媒体法第14条3項を改正し、発信者情報の開示を義務づける。

なお、これに先立ち、極右およびヘイトクライム撲滅のための立法提案（2020年2月21日）が連邦議会に提出された[16][17]。主な内容は次とのとおりで

ある。

- SNS事業者にネットワーク執行法に定める犯罪行為に関する情報について連邦警察局に報告することを義務づける。
- ネットワーク執行法1条3項の犯罪類型に「死者の追想に対する冒涜罪（ドイツ刑法189条）」を追加する。
- 「犯罪を行う旨の脅迫により公の平和を乱す罪」(刑法126条)の規定のなかに、将来「危険な傷害罪」(刑法224条)をする旨の脅迫をすることを加える。
- 「犯罪行為への報償の支払いおよび是認罪」(刑法140条)の規定のなかにいまだ行われていない犯罪の是認も加える。
- 公然と、集会または文書の頒布によって行われた侮辱表現について「侮辱罪」(刑法185条)に加重構成要件を加え、刑の上限を2年とする。
- 国民の政治に関係している政治家について、その政治的に関与している領域とは関わりなく、公然の侮辱的表現の重い不法内容を考慮するために、「政界にいる者に対する悪評の流布および中傷罪」(刑法188条)において、本構成要件は地域レベルの政治家にも適用される。
- 脅迫罪（刑法241条）は、政治的自己決定、身体の不可侵、人の自由または重要な価値ある物に対する違法行為をするとの脅迫も含む。
- 量刑規則（刑法46条）に反ユダヤ主義的動機を明示的に示すべきである。
- 刑事手続き規則において、電話通信事業者を名宛人とする通信情報および発信者情報の規制を電気通信事業者にまで拡張する。

3⋯⋯差別情報などを削除する意味

❶日本の判例に見るネット情報の特殊性

　日本の判例でもインターネットに掲載された情報の特殊性について判示している。それによれば「インターネット上に載せた情報は、不特定多数のインターネット利用者が瞬時に閲覧可能であり、これによる名誉毀損の被害は

時として深刻なものとなり得ること、一度損なわれた名誉の回復は容易ではなく、インターネット上での反論によって十分にその回復が図られる保証があるわけでもない」[18]のである。

　情報の速報性は同時に拡散性を伴い、人格権の一つとしての名誉などの法益に対する被害の深刻さは被害の継続性を意味しており、それゆえ被害回復が困難となる。情報が拡散し、被害が継続することの理由には、インターネット上に掲載された情報を削除することの困難さがある。削除されないことは、閲覧可能な状態が継続することを意味する。これは情報が掲載されたサイトでの閲覧だけでなく、情報のダウンロード、コピーそしてペーストによっても可能であり、しかもこれらによって拡散する。被害当事者の側では、自己に関する情報がインターネット上に掲載され続けるという意味で、口頭や紙媒体による伝播可能性とは異なり、名誉などに対する現実的侵害が生じ続けることになる[19]。ここで被害の継続性は、コンピュータを用いたインターネットという記憶技術によりいったんインプットされた情報は、人による削除操作によらなければ消されない。コンピュータは人間の脳の記憶装置とはけた違いの優れた記憶能力を持っている。フィジカルな世界での口頭による情報の普及は人々に記憶されたとしても忘れられがちである。また、時間が経過するうちに多くの人の記憶から喪失されてしまう。思い出そうと意識的に努力して記憶を喚起することで思い出す。インターネット上の情報はそうではない。

　人間が記憶する必要がない。インターネット上の検索サイトで検索語を書けば、検索結果とともに情報が再び自己の目の前に現れる。コンピュータが社会において日常的に外部的記憶装置としての機能を果たすに至っているのである。これにより、人間自身の脳による記憶機能の意義は相対的に低下したとも言えなくはない。この外部的記憶装置が特定の情報を保存しているかぎり、忘れられないのである。インターネット上に掲載された情報は、掲載され続けるかぎり人々の記憶から忘れられない[20]。このことはヘイトスピーチが特定のSNSで掲載されると、削除されないかぎり、当該情報を通じて不

特定多数の人々に向けて差別を扇動し、偏見と憎悪を植えつけ続けることを意味する[21]。インターネット上の差別扇動の特徴は、特定の場所に行かずとも差別的言動をし、街宣活動をすることが可能なところである。一地域の人々に訴えかけるだけでなく、比較できないほどの広い範囲で訴えかけることができる。これに拡散性・広範性が加わる。そのうえ、多くの人々が当該情報を認知することにより、特定の集団または集団の構成員の集住する地域を特定し監視する体制を構築し、蔑視、偏見そして憎悪を増長させることになる。

❷ネット上における差別扇動の特徴

また、インターネット上の差別扇動の特徴は、検索サイトとリンク機能を使って差別的環境を増長できることである。つまりリンクである[22]。これにより情報の共有も可能になり[23]、しかもこれが見知らぬ複数の第三者によって繰り返されるとコントロールできなくなる[24]。また、これら一連の行動は、単に情報の拡散を意味するだけでなく、情報が記憶・蔵置され続けることでもあり——尾ひれ背びれがつくかのように——その過程で当該情報は変質していくことにより、偏見や悪意が増長するが、決して肯定的に修正されることはない[25]。

❸ネットは多様性を創り出したのか？

インターネットの利用により人々は、アナログの世界では経験できない相互交流の機会と情報に接する機会の可能性を得たわけであるが、しかし、必ずしも交流の場が広まり、交流する人が増えたとはかぎらない。表面上は、交流が広がり交流する人の数も増えたように思えるが、実際のところ、同じ思考や思想を持った人たちが出会いを求め、互いに吸いつけ合っており、多様性や多元性という視点から見ると、逆に交流する人の範囲は狭まっているのではなかろうか[26]。フィルターバブルやエコチェンバーと呼ばれる現象である。同じ思考を持つ者だけで集合し情報を交換しているところでは、おの

ずと情報は自分たちにとって耳通りの良い、一方的な情報の流通に限定され
がちである。そうなると、いわば気持ちの良い情報だけを受け取り、知らず
知らずのうちに、感情で情報の取捨選択をするようになる(27)。

4……削除の問題性とは何か?

❶ドイツにおける削除をめぐる議論

　それでは削除にはどのような問題があるのであろうか。

　投稿者には、表現の自由という基本的人権が憲法上保障されている。市民
が社会に参加し、社会を変える武器として表現がある。インターネット上に
掲載された表現を同意なく削除することは表現の自由を侵害する。典型的に
は、ホストプロバイダによって削除される場合である。表現の自由への干渉
は司法的判断を根拠にして正当化されることを原則とすれば、どのような場
合にその例外があると言えるのであろうか、それともそもそも例外はないと
理解すべきであろうか。

　ドイツの元法務大臣ハイコ・マースによれば、ホストプロバイダは、ユー
ザが投稿した情報について民法上―刑法上責任を負わないという。しかしこ
のことは、ホストプロバイダが違法な情報を認識した場合、その違法な投稿
を遅滞なく削除した場合にのみ妥当するのである。Facebookの対応はしばし
ば遅く、削除を拒んできた。また、各SNSはコミュニティガイドラインを定
めているが、今までのところ実際には機能していない(28)。しかし全裸の写真
などは即時に完全に削除していることから、ホストプロバイダは削除など迅
速かつ包括的措置をとることができることを認識している。それゆえマース
は削除の必要性を説く(29)。

　これに対してニコ・ヘルティングは、「ドイツでは人種差別主義や排外主義
自体は禁止されておらず、外国人、難民そして自分たちと違う人々に対して
憎悪を抱くことは刑法上禁止されていない。名誉毀損罪や民衆扇動罪などが
行われた場合に初めて犯罪となる」(30)と主張する。

意見表明の自由の抑止を求める者は、検閲だとの非難を受けざるを得ない。多元的に開かれた国では、市民が多くの時間をかけて議論フォーラムやSNSで自分たちとは異なる人々について意見を述べることが保障されていなければならないとして、削除に否定的態度を示す[31]。

SNSは情報流通と交換の場所であり得る。けれども、しばしばヘイトスピーチとフェイクニュースの展示場であることもわかってきた。これにより社会の亀裂が深まっている[32]。アンドレイ・ラングによれば、SNSという技術的コミュニケーションシステムはヘイトスピーチの強化に寄与しているという。一方で、大規模なユーザという公衆を通じて広範かつ急速に情報を拡散させており、他方で、多様なやり方で差別的表現などをすることへの躊躇の敷居を下げる効果を促進している[33]。

❷国家による排他的管轄が妥当か?

Facebookのコンテンツモデレーターは1人で1日当たりおよそ1,300件の通報を処理すると言われる。毎週の監査では、これらの決定が再度検証される。このような次元に照らすならば、SNSの情報削除に関する決定は、排他的に国家の裁判所によって扱われるべきだとする要請は社会的現実を直視していない。SNS上のヘイトスピーチは速くかつ簡単に拡散されるが、国家の裁判手続きは、次から次へと出てくる大量な案件に対して迅速な決定をする仕組みになっていない[34]。裁判所は衝突する諸権利を正しく評価し、適切なバランスを作り上げるために利用できる時間が潤沢にあるが、インターネット上ではそうはいかない。というのも、潤沢に時間を使うと、権利はもう侵害されていて、そこでは適切なバランスがとられていなかったという、効果の乏しい認定を後々になってする羽目になるからである[35]。

ここにおいて「時間」が問題への対処において考慮すべき重要なファクターになる。情報の拡散の時間、被害が発生し拡大するまでの時間、それに対して問題を解決するための法的対処にかかる時間である。また、ここでの投稿はほとんど匿名によることから発信者も判明しがたい[36]。ラングの説示

は、アナログの世界での表現行為では一つの場所や特定の空間などにその閲覧または聴講可能性の範囲が限定されるに対して、インターネット上のそれは規模が異なることを述べている。このことは不特定または多数という言葉を使ったとしても、情報拡散の広範性についてアナログ世界とインターネットのそれとは異なるということである[(37)]。

　また速報性とは、拡散性と同時的に生じ、急迫でかつ発信者のコントロール（訂正または削除）できない状態になることを意味する。ラングは、このような現実を前にして国家による裁判に排他的管轄を求める者は、SNS上の情報に関する規制を不可能にし、そしてSNS上の数えきれないほどの人格権侵害を甘受し、立法者に対して現実世界の問題のための解決の展開を妨げると批判する[(38)]。

❸憲法の私人間効力とSNS事業者の役割

　そこでラングは、SNS事業者に対して、私人に対する憲法の間接的拘束を指す憲法の私人間効力を肯定して、権利侵害もしくは違法情報の削除または当該情報にアクセスすることのブロッキングを問題にする。その際、ラングは、私企業が公のコミュニケーションの枠組み条件の整備を自ら担っている場合、諸事情が不可欠であること、相対する当事者間に不平等があること、特定のサービスの社会的意義または一方当事者の社会的な力があることなどを例に挙げ、SNS事業者と一ユーザとの関係にこれらのことのいずれかが認められる場合に、SNS事業者に対する憲法の間接効力を認める[(39)]。SNS事業者は膨大な情報発信力を有しており[(40)]、しかも不当な書き込みをされた被害者である一ユーザとの関係において、両者には圧倒的に力の差があり[(41)]、力関係において劣後する一ユーザの権利を保護するという見地から、SNS事業者とユーザの関係について憲法の私人間効力が認められる[(42)]。ここでSNS事業者は単にコミュニケーションの場の提供者ではないということになる。

　SNS事業者の持つ膨大な発信力と事業規模などに照らすと、事業者と一ユーザの力関係は対等ではない。当該SNSに掲載された情報が法的に許容さ

れないものである場合に事業者に一定の作為義務を課すことになる。その一つが掲載情報の削除である[43]。

　なお、SNS事業者の持つ情報発信力のなかには速報性や拡散性が含まれている。もちろん、憲法は表現の自由を保障しなければならず、これに対して表現の自由の濫用にも対応しなければならないように、SNS事業者もこれに従わなければならない。とりわけ情報の拡散と権利・法益侵害の継続と拡大の阻止のためには、問題となる情報の削除が課題になり、権利・法益侵害情報を掲載するサイトが存在し、これを削除できない場合に、これへのアクセスの阻止が課題になる。法的には、前者では、発信者の表現の自由という権利が、後者では問題となるサイトにアクセスしようとする者の通信の秘密という権利が問題になる。

　ネットワーク執行法は、刑法上の犯罪となる言動に削除の措置を限定し、これを正当化根拠にした。表現行為が許されている場において、権利行使をすることを止めることは許されない。これを正当な理由なく止めること、例えばSNS事業者が当該サイト上に掲載した情報を承諾なく削除した場合、事業者は、発信者から削除した情報の再掲載と表現の自由に対する不当な侵害に対する損害賠償を求められることになる。これに対応するために、発信者の承諾なく特定の情報を削除することが許されるための正当な理由を定めたのである。

---

(1)　1ヵ所に設置された中央の大型コンピュータが破壊されるとネットワーク全体の機能が損なわれデータも消失する弱点を克服するために、アメリカ国防省を中心にして開発されたのがインターネット技術である。これは、局所的な攻撃に対しても通信を維持し、データを分散させて残しておくことができる情報管理ネットワークである。
(2)　発信者情報開示の課題について、Marc Bohlen, Der zivilrechtliche Auskuntsanspruch bei der Bekämpfung von Hass im Internet, NJW 2020, S.1999ff.。
(3)　鈴木秀美「ドイツのSNS対策法と表現の自由」『メディア・コミュニ

ケーション』（68号）慶應義塾大学メディア・コミュニケーション研究所、2018年、1頁以下参照。

(4)　Deutscher Bundestag, Drucksache 18/12727.

(5)　ここ重要な用語としてPost Factを紹介する。これはFake News・Disinformationという言葉と同じことを意味する。つまり特定の言説が、真実を伝えるために「事実・情報」を語るのではなく、自分の目的を達成するために「事実」を語るために用いられることを意味する。ニュースの拡散の過程で、人々が「信じたい事実」と結びつくことでフェイクがファクトを駆逐し、社会に広がる。「フェイク」が、しばしば人々の「本音」と結びつけて語られる。不安や不平を持つ層の「本音」とされるものをすくい上げる。「嘘」と「本音」の結託だから、「気持ちよく」受け入れられ、流布する。SNSにおける代表的現象としてFake Newsとヘイトクライムを挙げることができる（Tobias Ceffinato, Zur Regulierung des Internet durch Straf-recht bei Hass und Hetze auf Onlineplattformen, ZStW 2020, S.544f）。

(6)　Facebook Germanyは、透明性のある苦情受付ページを設けておらず、ユーザが簡単にアクセスできなかったとして、ドイツ連邦司法省より、200万ユーロの過料を命じられた（Martin Eifert, Evaluation des NetzDG Im Auftrag des BMJV, 2020, S.77f）。

(7)　法執行法で削除対象として規定されている表現は、個人的法益の保護に限定されていない。

(8)　直接的に権利侵害者ではなくても、何らかの態様または形で他人の権利侵害に寄与する者は、権利侵害を防止することが事実上および法律上可能である場合、「妨害者」として調査または排除義務を果たしていないとされるかぎりにおいて妨害者として責任を負う。Vgl, BGH 26.11.2015, GRUR 2016,268. LG München, MMR 2018, S.322.

(9)　Martin Eifert, Evaluation des NetzDG Im Auftrag des BMJV, 2020, S.41.

(10)　Dirk Heckmann, Unzulässige Verfassungsbeschwerde gegen das Netzwerkdurchsetzungs-gesetz, jurisPR-ITR 12/2019 Anm. 6, S.1ff.

(11)　コミュニティガイドラインによる削除を非法的な対応として位置づけるものとして、Brian Valerius, Hasskriminalität – Vergleichende Analyse unter Einschluss der deutschen Rechtslage, ZStW 2020, S.681f.。

(12)　Matthias Friehe, Löschen und Sperren in sozialen Netzwerken, NJW 2020, S.1698. Martin Eifert, Evaluation des NetzDG Im Auftrag des BMJV, 2020, S.20f.

(13)　Martin Eifert, Evaluation des NetzDG Im Auftrag des BMJV, 2020, S.27. 本来、法律によってコミュニティガイドラインと本法との関係が規定

されているべきである。コミュニガイドラインは法的規制ではないので、第一段階でコミュニティガイドラインによる審査対象となると、苦情受付から24時間の削除審査がされない恐れが出てくる（Martin Eifert,S.43）。

(14) Deutscher Bundestag, Drucksache 19/18792.

(15) Sahl/Bielzer, NetzDG 2.0 – Ein Update für weniger Hass im Netz ZRP 2020, S.2.

(16) Deutscher Bundestag, Drucksache 19/18470.

(17) Vgl, Maximilian Heim, Verschärfte Strafen für Hass und Hetze im Internet, NJW-Spezial 2020, 440ff.

(18) 最決平22年3月15日判時2075号160頁。

(19) なお、付言すべきこととして、SNSでは指向や思考を同じくする人々がグループを作る傾向にあり、社会的に平穏を与える同質化効果が生じる。そのため、自分たちとは考えの異なる情報はやり玉に挙げられる（Mustafa Temmuz Oğlakcıoğlu, "Haters gonna hate...(and lawmakers hopefully gonna make something else)", ZStW, 2020, S.530）。そこでの議論形式は、しばしば対立的であって、互換的ではない。

(20) Viktor Mayer-Schönberger, delete, 2011, p.11.

(21) Delfi v. Estonia (Grand Chamber), para. 110; MTE v. Hungary, para. 59.

(22) Ibid., 19.

(23) Ibid., 42.

(24) Ibid., 85–87.

(25) Ibid., 89.

(26) 平和博「『社会の分断』を増幅するのはSNSかテレビか?」（https://news.yahoo.co.jp/byline/kazuhirotaira/20201116-00208074/?fbclid=IwAR1dDXaBuT84mRd6PdudlyKYSahjhbaV8NGmMboUq-A0llfHBVEgBof57us）。SNSの利用の広範化の影響として、社会の分断を促進し、違う意見や人々を嫌悪する「感情的分極化」が深刻化しているが、『分極化』増幅の要因の一つとされてきたのが、ソーシャルメディアのアルゴリズムによってユーザの趣味嗜好に合うコンテンツばかりが表示される情報のタコツボ化『フィルターバブル』だ」との指摘に注意が必要である。インターネットの普及によってバーチャルに交流する人の範囲は増えたものの、同じ指向・思考の者ばかりが集まるという意味では、自分たちとは考えを異にする人々を「敵」と見なし、いわゆる「他者」排除と嫌悪が現れ、多元化・多様化とは真逆の一元化と排他の傾向が顕著である。バーチャルな交流は、人と現実には接しないことから、孤立化・孤独化が進行し、コミュニケーショ

ンではなく、対立関係で言説をとらえ、他者の異なる意見は攻撃と認識され、自己の見解の再考ではなく、強化ないし固執化に向かってしまおそれがある。

(27) 今日、Fact checkという、いわば当たり前のことが指摘されることがあるが、それはまさにFactではなく感情で情報の受け入れの是非が行われていることの証左ではなかろうか。

(28) Vgl, Schwartmann/Mühlenbeck: NetzDG und das virtuelle Hausrecht sozialer Netzwerke, ZRP 2020, 170. ichbinhier e.V., Stellungnahme zum Referentenentwurf des Bundes-ministeriums der Justiz und für Verbraucherschutz. Entwurf eines Gesetzes zur Änderung des Netzwerkdurchsetzungsgesetzes Stand 15.01.2020, S.4. 法執行法の制定後では、本法に基づく削除よりもコミュニティガイドラインによる削除のほうが多いと指摘している。

(29) Heiko Maas, Löschpflicht für Hasskommentare?, ZRP 2015, S.222.

(30) Niko Härting, Löschpflicht für Hasskommentare?, ZRP 2015,S.222.

(31) Niko Härting, S.222.

(32) Michael Kubiciel, Die Veränderung des Strafrechts durch die Digitalisierung der Lebenswelt, in: Elisa Hoven/Michael Kubiciel (Hrsg.), Zukunftsperspektiven des Strafrechts, 2020, S.161.

(33) Andrej Lang, Netzwerkdurchsetzungsgesetz und Meinungsfreiheit, Archiv des öffentlichen Rechts 143, 2018, S.

(34) Lang, S.240.

(35) マート・スシ、横大道聡監訳、瑞慶山広大訳「インターネット上の利益衡量公式」『メディア・コミュニケーション』（70号）慶應義塾大学メディア・コミュニケーション研究所、2020年、75頁。

(36) Michael Kubiciel, Hate-Speech und Äußerungsstrafrecht (Teil 1) – Der Regierungsentwurf zur Hasskriminalität, jurisPR-StrafR 5/2020, S. Bohlenは、ヘイトクライムを予防する見地から、ドイツ通信媒体法第14条3項に基づく発信者情報開示の対象範囲の拡張を提案する。それによれば、刑法は被害者の人格権保護にとってその効果は部分的であり、ヘイトクライムの前に被害者は嫌がらせに会う。刑法では名誉毀損や脅迫などがないかぎり被害者は保護されないままだとされる。(Marc Bohlen, Der zivilrechtliche Auskunftsanspruch bei der Bekämpfung von Hass im Internet, NJW 2020, S.1999). Wissenschaftlicher Dienst des Europäischen Parlaments, Das Recht auf Achtung des Privatlebens – Problemstellungen im Digitalbereich, eine rechts-vergleichende Perspektive: Deutschland, 2018. S.75.

(37)　例えば、一地域・地方に対して全国、一国に対して全世界と言うよう
　　　　に不特定の範囲がその規模に関して俄然異なる。

(38)　Lang, S.240.

(39)　Lang, S.243.

(40)　Frieheは、SNS業界は栄枯盛衰が激しく競合関係にあり、憲法順守義
　　　　務のある国家と基本権を有する私人という違いをなくすこと説得でな
　　　　く、SNS大手企業を国家権力と同値することに反対する（Matthias
　　　　Friehe, Löschen und Sperren in sozialen Netzwerken, NJW 2020, S.1699）。
　　　　しかし、ここで問われているのは、SNSというグローバルに活動する
　　　　プロバイダーユーザとの関係である。

(42)　Vgl, BVerfG NJW 2020, 300 Rn. 88.

(43)　マート・スシ、横大道聡監訳、瑞慶山広大訳「インターネット上の利
　　　　益衡量公式」『メディア・コミュニケーション』（70号）慶應義塾大学
　　　　メディア・コミュニケーション研究所、2020年、73頁。

第 **9** 章

ネット上の人権侵害に対する
法整備の在り方

宮下萌………弁護士

1………はじめに

　インターネット上の人権侵害を取り巻く議論は渦中にある。しかしながら、このような議論がなされている今まさにこの時でも、オンライン上ではヘイトスピーチを含む人権侵害に当たる情報が次々に拡散され続けている。本章では、ヘイトスピーチを中心に、インターネット上の人権侵害を取り巻く日本の状況を概説し、近年の動向を紹介したうえで、「被害者救済」を主眼としたインターネット上の人権侵害に対する望ましい法制度の在り方について検討する。

2………インターネット上の人権侵害を
　　　　取り巻く日本の現状

　本節では、インターネット上の人権侵害があった場合、現行法制度のどこに「壁」が立ちはだかっているのかという「任意請求および裁判の困難性」について論じる。そして、とりわけヘイトスピーチに焦点を当て、被害の「不平等性」および沈黙効果ならびに不特定の者に対するヘイトスピーチ特有の

問題について論じる。

❶任意請求の困難性

　まず、インターネット上で人権侵害があった場合、現行法では、被害者がとり得る措置としてどのようなものが考えられるだろうか。これには①人権侵害に当たる記事を削除するというフェーズと、②削除したうえでその記事を書いた発信者を特定し、③民事の損害賠償請求ないし刑事告訴をするというフェーズに分けられる。発信者情報開示請求はあくまで損害賠償請求ないし刑事告訴をするためのいわば「中段階」の手続きである。筆者個人の感触としては、被害者としては損害賠償請求という次のステップよりも「まずはこの書き込みを削除してほしい」という声が多いように思われる。そして書き込みの削除については、プロバイダ[(1)]に「任意」の削除請求をするという対応が第一としては考えられる。しかしながら、インターネット上の人権侵害があったとしても、プロバイダが任意に人権侵害に当たる情報の書き込みを削除することはまだまだ少ない。近年では任意に削除をするプロバイダが増えてきた印象もあるが、それでも裁判所の仮処分決定がなければ削除に応じないという運用方針で固めているプロバイダも存在し、それぞれ対応が異なる。また、発信者情報に関しては、プロバイダ側が任意開示することは現時点ではほとんどない。

　したがって現状では、プロバイダ側が任意に削除および発信者情報開示をすることはまだまだ多いとは言えず、裁判手続きが必要となる場合が多い。特に、発信者情報開示請求については、コンテンツプロバイダへの仮処分およびアクセスプロバイダへの本案訴訟をする必要があり、事実上最低2回は裁判をする必要がある。後述するように、発信者情報開示請求については「新たな裁判手続き」が創設される予定であり、一定程度救済が図られる見込みである。

❷裁判の困難性

　任意請求で削除ないし開示がなされない場合、または任意請求が認められる見込みが薄い場合、被害者は次のステップとして「裁判手続き」をすることになる。削除の場合はプロバイダへの仮処分、開示の場合は、現行法上ではコンテンツプロバイダへの仮処分およびアクセスプロバイダへの本案訴訟が必要となる。

　裁判手続きが必要となる場合、被害者本人が一人で対応するのは難しく、ほとんどの人は弁護士に依頼する必要が生じる。しかしながら、弁護士費用を被害者自身が負担しなければならず、経済的に余裕がない者は泣き寝入りせざるを得ない。また、発信者の特定に必要なログ[2]が保存されていないという問題や、海外事業者への送達への時間がかかりすぎているという点も指摘されているところである。

　つまり、被害を受けたにもかかわらず、インターネット上の人権侵害情報の削除や発信者情報開示の裁判をするためには、多大な金銭的、時間的および手続き的コストがかかる。そのため、裁判手続きを諦めざるを得ない者があとを絶たない。

　被害者としてはなるべく裁判手続きを用いず、プロバイダが「任意に」人権侵害に当たる情報の削除および発信者情報の開示をすることが望ましいが、そのための法制度が現状ではまだまだ整っていない。

❸被害の「不平等性」および沈黙効果

①被害の「不平等性」

　インターネット上では、誰もが誹謗中傷のターゲットになる可能性がある。しかしながら、そのなかでも特に女性、外国人、被差別部落出身者、障がい者、性的マイノリティ、アイヌ民族、沖縄・琉球の人々等の特にターゲットに「なりやすい」人々がいる。マイノリティに対するヘイトスピーチやサイバーハラスメントはとりわけ深刻な問題であり、被害は「不平等に」起こるという問題は決して見過ごされてはならない。

例えば、2009年に行われた、992名の学部生にサイバーハラスメントの経験の有無を尋ねた調査では、非白人女性の学生は、どのグループよりも多くサイバーハラスメントに遭っており、約53％がネット上でハラスメントを受けていた。その次に多いのが白人女性の学生（約45％）で、次いで非白人男性の学生（約40％）だった。そして、そうした経験が最も少ないのが白人男性の学生（31％）という結果報告がなされている[3]。

　また、国際人権団体アムネスティ・インターナショナルが、アメリカおよびイギリスの女性ジャーナリストおよび女性政治家の計778名を対象に行った、Twitterにおける女性に対するハラスメントに関する調査（TROLL PATROL FINDINGS）結果でも、非白人の女性が最もターゲットにされやすいことが報告された。2017年に調査対象者に向けて投稿されたツイートを調べると、7.1％が「侮辱的（abusive）」あるいは「問題あり（problematic）」と判断されるものだったという。そして、非白人女性は白人女性に比べ、嫌がらせ行為の標的となる可能性が34％高いこともわかった。最も多く嫌がらせ行為の標的になっていたのは黒人女性で、向けられたツイートの10件に1件が「侮辱的」あるいは「問題あり」だった。白人女性の場合この割合は15件のうち1件だったという[4]。

　さらなる調査が求められるところではあるが、オンライン上での人権侵害は差別の交差性（intersectionality）が顕著に現れる場面ではないかと考えられる。今後は、プロバイダ側が誹謗中傷への対策状況等を報告する際には被害の「不平等性」が可視化されるような報告書の作成が求められる。

②沈黙効果

　また、インターネット上のヘイトスピーチないしサイバーハラスメントで問題となる派生効果としては、いわゆる「沈黙効果」が挙げられる。2017年に法務省が発表した外国人住民調査報告書によれば、インターネットを普段利用している人のうち、「日本に住む外国人を排除するなどの差別的な記事、書き込みを見た」人が41.6％（「よくある」と「たまにある」の合計）で、「上記の

ような記事、書き込みが目に入るのが嫌で、そのようなインターネットサイトの利用を控えた」が19.8%であった[5]。しかし、この同じデータを国籍別に分析した人種差別実態調査研究会が行った調査（2018年）によれば、韓国・朝鮮籍に絞って分析すると、「差別的な記事、書き込みが目に入るのが嫌で、そのようなインターネットサイトの利用を控えた」が39.2%、「差別を受けるかもしれないのでプロフィールで国籍、民族は明らかにしなかった」が30.6%、「普段インターネットを利用しない」が40.9%という結果になった[6]。コロナ・パンデミックによりインターネットがますます重要な情報源・発信源となるなかで、特定のマイノリティコミュニティが「ネットにアクセスできない」「声を上げられない」という沈黙効果をどのように可視化するかも課題である。

❹不特定の者に対するヘイトスピーチ特有の問題

　また、現行法では、不特定の者に対するヘイトスピーチは、個人の権利侵害として削除請求をする対象とならないといった問題点もある。

　確かに、違法情報等対応連絡会が作成した「違法・有害情報への対応等に関する契約約款モデル条項の解説」は、「本邦外出身者に対する不当な差別的言動の解消に向けた取組の推進に関する法律」（以下、「ヘイトスピーチ解消法」と言う）施行後の2017年3月15日に改訂された[7]。ヘイトスピーチ解消法は、ヘイトスピーチを「禁止」したものではなくあくまで理念法である。もっとも、同法施行後には、「特定個人」に向けられたヘイトスピーチだけではなく、「不特定」の者に対するヘイトスピーチについてもプロバイダが契約者に対して当該情報の削除措置等を取ることができる情報に含まれることが明記された。プロバイダの多くは上記のモデル条項に即した約款を作成している。しかしながら、これらはあくまでも「約款」であり、「法律」によって不特定の者に対するヘイトスピーチが「禁止」されているわけではない。

　また、インターネット上の人権侵犯事件に関する2019年3月8日付の法務省「インターネット上の不当な差別的言動に係る事案の立件及び処理につい

155

て」と題する依命通知によれば、集団等が差別的言動の対象とされている場合であっても、①その集団等を構成する自然人の存在が認められ、かつ、②その集団等に属する者が精神的苦痛等を受けるなど具体的被害が生じている（またはそのおそれがある）と認められるのであれば、救済を必要とする「特定の者」に対する差別的言動が行われていると評価すべきである記載されている。そして、「その集団等に属する者が精神的苦痛等を受けるなど具体的被害が生じている」か否かの判断の在り方として、「当該差別的言動が、当該集団等に属する者であれば精神的苦痛等を受けるような性質のものであったといえるか否か」が基準となると記載されている。しかし、例示として「当該集団等を特定する際の地域表示等があまりに広く、当該集団等に属する自然人（人のこと。法人との対置概念〔著者注〕）が極めて多数に及ぶため、仮にそれに属する自然人が聞いていたとしてもさしたる精神的苦痛等を感じないであろうと認められる場合」は「人権侵犯性は認め難いこととなる場合が多い」と記載されており、このような場合、仮に「日本に住む〇〇人」という特定ではあまりに広すぎて「特定の者」に対する差別的言動とは認められず個人の権利侵害として救済が図られないことになってしまう。

　インターネット上のヘイトスピーチが他のインターネット上の人権侵害と最も異なる点は、この「個人の権利侵害として救済が図られない」という点であろう。しかしながら、不特定の者に対するヘイトスピーチであったとしても、マイノリティが「多大な苦痛を強いられ」（ヘイトスピーチ解消法前文）ている点では、個人に対するヘイトスピーチ[8]と同様であり[9]、不特定の者に対するヘイトスピーチを「法律」によって「禁止」することが必要である。

3......近年の動向

　2020年は、総務省の発信者情報開示の在り方に関する研究会の動きをはじめ、インターネット上の人権侵害について関心が高まった年でもあった[10]。本章では、総務省の動きを中心に国および地方公共団体の動きならびにプロ

バイダの動き等に関する近年動向について概説する。

■1 総務省の動き

①発信者情報開示の在り方に関する研究会

　総務省では、4月に、発信者情報開示請求に関する課題を検討するための「発信者情報開示の在り方に関する研究会」が発足し、そこでの議題は主に発信者情報の開示対象の拡大、新たな裁判手続きの制度設計、ログの保存に関する取り扱い、海外事業者への発信者情報開示に関する課題、任意開示の促進であった。発信者情報の開示対象の拡大については、2020年8月に出された「中間とりまとめ」[11]において「SNS事業者が保有する発信者の電話番号を開示対象とすべき」との方向性が示された。そして、これを受けて総務省では同月に省令を改正し、発信者情報に電話番号が追加された。

　そして、同年12月に同研究会で出された「最終とりまとめ」[12]では、①ログイン時情報を発信者情報に該当するよう法令を改正すること、②新たな裁判手続きを創設すること、③裁判外（任意）開示の促進、という三つの方向性を示している。

　新たな裁判手続きについては、現行法上の開示請求権に「加えて」、①コンテンツプロバイダおよびアクセスプロバイダに対する発信者情報の「開示命令」、②コンテンツプロバイダに対し、その保有する発信者情報を、被害者には秘匿したままアクセスプロバイダに提供する「提供命令」、③アクセスプロバイダに対し、コンテンツプロバイダから提供された発信者情報を踏まえ、権利侵害に関係する発信者情報の消去禁止を命じる「消去禁止命令」、を一つの非訟手続きのなかで順次発令することを予定するものである[13]。

　そして、2021年2月26日には、第204回国会提出法案として、特定電気通信役務提供者の損害賠償責任の制限及び発信者情報の開示に関する法律の一部を改正する法律案が提出された。新たな裁判手続きが創設されれば、それまで2回以上必要であった発信者情報開示請求を一度の手続き内で行うことができ、「被害者救済」という観点からは今後大いに期待できるものとなる。

同法は2021年4月21日に成立した。改正法施行附則第1条によれば、施行期日は、公布日から1年6月を超えない範囲内に政令で定める日から施行するとされており、施行は早くとも2022年以降となる見込みである。

　もっとも、上記のとおり、発信者情報開示請求はあくまで「中段階」の手続きであり、「まずはこの書込みを削除してほしい」という被害者の声に対応するものではない。また、不特定の者に対するヘイトスピーチの救済としては損害賠償請求や刑事告訴が念頭に置かれていないため、同研究会では議論の対象とはならなかった。

②プラットフォームサービスに関する研究会

　上記のとおり、発信者情報開示の在り方に関する研究会の議論は、あくまでも「発信者情報開示の在り方」に限定されている。しかしながら、インターネット上の人権侵害は発信者情報開示制度の見直しだけでは根絶されるものではなく、総務省でも発信者情報開示制度「以外」のインターネット上の誹謗中傷への対応の在り方については、プラットフォームサービスに関する研究会で議論がなされている。同研究会では2020年8月に「インターネット上の誹謗中傷への対応の在り方に関する緊急提言」[14]が出された。そして、これを受けて総務省は、同年9月に「インターネット上の誹謗中傷への対応に関する政策パッケージ」[15]を取りまとめた。

　同政策パッケージでは、①ユーザに対する情報モラルおよびICT、②プラットフォーム事業者の取り組み支援と透明性・アカウンタビリティの向上、③発信者情報開示に関する取り組み、④相談対応の充実に向けた連携と体制整備、が挙げられている。

　いずれも重要な取り組みであるため、これらの政策を今後とも進めることが望まれる。もっとも、後述する「インターネット上の人権侵害情報対策法モデル案」で検討されているような国から独立した第三者機関の設置という点については触れられておらず、総務省としては法規制には慎重であくまでプロバイダの自主規制に委ねたいという姿勢がうかがえる。

その後も、同会では議論が重ねられ、2021年9月には、「プラットフォームサービスに関する研究会　中間とりまとめ」が出された[16]。ここでは、誹謗中傷への対応に関する現状と課題について、プラットフォーム事業者等による対応のモニタリング結果や海外動向も含めた包括的な報告がなされており、今後の取り組みの方向性として上記政策パッケージの①ないし④が挙げられて、共同規制的枠組みの構築についても言及がなされている[17]。

❷国会および地方自治体の動き

また、木村花さんの事件を受けて、自民・公明両党でそれぞれ「インターネット上の誹謗中傷・人権侵害等の対策PT」が発足され、2020年6月には提言も出された[18]。

地方自治体の動きとしては、群馬県では2020年12月に被害者救済を主眼とした「群馬県インターネット上の誹謗中傷等の被害者支援等に関する条例」[19]が制定された。同条例ではインターネット上の人権侵害を禁止する条項は入っていないが、「インターネット上の被害者救済」を主眼とした条例としては全国で初めての条例であるため、今後の動向を見守りたい。また、報道によれば、木村花さんの事件を受けて、大分市、大阪府和泉市、長野市においてプロレスラー議員が「ネット上の人権を保護する法整備を国に求める意見書」を提出したという[20]。その後の動きは見えていないが、インターネット上の人権侵害に対応するための条例制定の動きが全国的に展開することを期待したい[21]。

❸プロバイダの動向

総務省の「インターネット上の誹謗中傷への対応に関する政策パッケージ」でも「プラットフォーム事業者の取組支援と透明性・アカウンタビリティの向上」について指摘されているところだが、インターネット上の人権侵害を根絶するためにはプロバイダの自主的取り組みが非常に重要になってくる。

近年のプロバイダの取り組みとしては、一般社団法人セーファーインター

ネット協会が、2020年6月29日に「誹謗中傷ホットライン」を開設したことがあげられる[22][23]。

　また、それぞれのプロバイダでも自主的取り組みとして注目すべきものがある。例えば、ヤフー社は、2020年12月に社外の有識者会議である「プラットフォームサービスの運営の在り方検討会」の提言書を受けて、ポリシーや削除基準を明確化し、AIや機械学習[24]の積極的活用等を主な方針とする、誹謗中傷投稿の抑止対応策を発表した[25]。

　また、上記「プラットフォームサービスに関する研究会　中間とりまとめ」によれば、ヤフー社およびLINE社では、日本における誹謗中傷への対応について、具体的な取り組みや定量的な数値を公表しており、透明性・アカウンタビリティ確保に向けた取り組みが進められていると考えられる。しかしながら、Google社は、一部、日本における定量的な数値を公表しているものの、研究会の構成員かぎりでの公開しかなされていないものもあり、透明性・アカウンタビリティ確保に向けた取り組みは部分的である。また、Facebook社およびTwitter社に関しては、日本における具体的な取り組みや定量的な数値を公表しておらず、明性・アカウンタビリティ確保が果たされていない[26]。

　京都大学の曽我部真裕も指摘するように、「事業者はヘイトスピーチを放置している」という声と「事業者側からの取り組みに対する主張については、客観的なデータに基づくものではないため、議論のかみ合わないところがあり、その意味からも事業者は取組の内容については透明性を高めることが求められ」る[27][28]。

　また、調査において重要になってくる視点の一つは、被害の不平等が可視化できるような項目を報告書に取り入れることであろう。具体的には、例えば上述のアムネスティ・インターナショナルが行った調査のように、被害者（誹謗中傷の対象者）の属性を明らかにすることやジェンダー別クロス集計を行うこと等が考えられる。

　また、ひとえにインターネット上の「誹謗中傷」と言っても、その種類は

多種多様である。「誹謗中傷」とは法律用語ではなく、従前から、インターネット上の「誹謗中傷」は「違法」である情報と、違法ではないが社会的に「有害」と言える情報の2種類、すなわち「違法有害情報」と整理されてきた。つまり、違法有害情報を「違法情報」と「有害情報」[29]とに区別し、さらに、違法情報を「権利侵害情報」と「その他の情報」とに分け、有害情報を「公序良俗に反する情報」と「青少年有害情報」に分けて整理してきた[30]。ヘイトスピーチはそのなかでも多岐にわたり、「権利侵害情報」に該当するものもあれば、「有害情報」に該当するものもある[31]。プロバイダが提出する報告書のなかでは「ヘイトスピーチ」に当たると判断されたものの件数や削除率等も取り入れてもらいたい[32]。

4⸻望ましい法制度の在り方 ── 被害者救済の視点から

　近年の動向を紹介したが、それでは、インターネット上の人権侵害を根絶するための望ましい法制度の在り方とはどのようなものであろうか。本節では、筆者も一員である「ネットと人権法研究会」が公表した「インターネット上の人権侵害情報対策法モデル案」(以下、「モデル案」と言う)[33]を紹介するとともに、事業者との共同規制も視野に入れながら「被害者救済」を主眼に置いた法制度の在り方について検討する。

■1 インターネット上の人権侵害情報対策法モデル案の紹介

　弁護士や研究者らからなる「ネットと人権法研究会」は、2020年6月1日にモデル案を公表した。モデル案の趣旨は、専門的知見を有した第三者機関を設立し、なるべく裁判手続きを用いずに、簡易に迅速に低コストで被害を救済できる仕組みの創設である。

　モデル案のポイントとしては、①名誉毀損やプライバシー侵害に加えて不特定の者に対するヘイトスピーチも含めて差別的言動を定義し、「禁止」した

うえで（第3条）、②専門的な独立した第三者機関である「インターネット人権侵害情報委員会」（以下、「委員会」と言う）を設け、同機関がプロバイダに削除ないし開示要請を行うという仕組みである（第5条、第6条、第12条ないし第14条）。

　モデル案の最大のポイントは、委員会にどれだけ専門性、独立性、実効性を持たせるかである[34]。

　専門性については、「何が差別であるか」「何がヘイトスピーチに当たるか」という専門知識も求められることから、インターネットの技術に関する専門的知見のみで選任されることがないような規定にしている。具体的には、委員の選任にあたってはインターネット上の人権侵害「および」インターネット技術に関し専門的知見を有する者を選任しなければならず（第20条第2項）、事務局についても一定数以上はインターネット上の「人権侵害」について専門的知見を有する者の選任を規定している（第24条第3項）。

　独立性に関しては、内閣府に置くと規定している。（第9条）いわゆる8条委員会の「審議会」（国家行政組織法第8条）を想定しているが、どこに置くのか、またどれほど規模のものを想定するのかについては議論の余地がある。

　実効性に関しては、委員会からプロバイダへの要請の時的制限（第12条第3項および第13条第3項の規定では、委員会による削除要請は申し立てから1週間以内。第14条第3項の規定では、委員会による開示要請は申し立てから2週間以内）およびプロバイダが削除ないし開示するときの時的制限が規定されている（第5条第3項の規定では、プロバイダによる削除は委員会の要請から48時間以内。第6条第3項の規定では、情報開示は委員会の要請から2週間以内）。また、委員会からの要請に従う義務はないが、要請に従わなかった場合は、具体的にその理由を明らかにしなければならない（第5条第4項、第6条第4項）。このような時的制限を設けたうえで委員会という形をとることは難しい[35]という指摘もあるところである。この点については、委員会という形にするのではなく、コミッショナー制度を導入して常設的なネット上の人権侵害に対応する第三者機関を創設するというのも考えられる[36]。

　第三者機関の設立には、表現の自由の萎縮効果にならないかという批判も

あるところだが、独立した第三者機関の目が入ることにより、プロバイダの恣意的な削除等の防止も期待でき、むしろ表現の自由にも資することになるのではないかと考えられる。「第三者機関の委員の選定が中立になされなければ表現の自由が守らないのではないか」という批判も想定されるところであるが、中立性については、どのような第三者機関でも問題になる点であり、「表現の自由」が問題となる場面に限られた論点ではない。むしろ重要なのは、上述のように委員の候補者選定において限定をかけるといった工夫であろう。

　また、民間団体の第三者機関の設置も考えられるところではある[37]が、どれほどプロバイダが民間の第三者機関の要請に従うかという点において実効性があるかは疑問であり[38]、「行政機関」としての独立した第三者機関の設置という点が実効性担保や恣意性の防止という観点からは重要であろう。

　モデル案に書かれていることがすべてではないが、インターネット上の人権侵害に対応するための包括的な法制度として参考になるのではないかと考えられる[39]。モデル案の趣旨は、なるべく「裁判手続き」を用いずに、簡易、迅速かつ低コスト（手続き的コスメも含む）にインターネット上の人権侵害に対応するための法制度の創設である。迅速な削除ないし開示のみを考慮するのであれば「独立性を備えるとはいえ行政機関に委ねるよりは、裁判所による命令を行う仕組みとすべき」[40]という意見も考えられるが、裁判手続きのコストは時間的なものだけではない。一般人にとって「裁判手続き」というものが金銭的にも手続き的にもハードルが高い現状としては、第三者機関の設置は十分検討に値するであろう[41]。

❷共同規制

　筆者は、上記のように独立した第三者機関の設置が望ましいと考えているが、現状の国会や総務省の動きを見ると、現時点で第三者機関を設置するということは理想的ではあるものの現実的ではないであろう。そうであるとするならば、現実的には、事業者との共同規制をいかに進めていくかが重要になってくる。

この点、ドイツでは、2017年にヘイトスピーチ等について、SNS事業者に対して、書き込みの削除または情報のブロッキング等の措置を施すことを義務づける「SNSにおける法執行を改善する法律」が制定された。同法では、違法な内容に関して100件以上の苦情を受けつけたSNS事業者は、苦情に対してどのように対応したかについての報告書を半年ごとに作成し、公表しなければならない（同法第2条）と規定されている[42]。上述のとおり、事業者が被害の不平等を可視化するような透明性ある報告書を作成することが求められる。そして、明らかな人権侵害に当たるものは積極的に任意削除および開示を進めることが求められる。そのときに求められるのは「人権侵害に加担しない」という事業者の姿勢であろう。

　ビジネスと人権に関する指導原則[43]で述べられている「人権を尊重する企業の責任」を問う声はますます高まっている[44]。プラットフォーム事業者は、人権侵害に加担する主体となり得るが、それと同時に予防や被害救済に資することもできる。共同規制を考えるにあたっては、事業者の姿勢をどのように変えていくかが今後の課題となってくる。

　そして、明らかに人権侵害に当たるか否か判断できないものは、第三者機関が設立されればそこの判断を委ねることが理想的であるが、そのような仕組みが導入されない間は、裁判手続きのハードルを低くするということが重要となってくる。

5……結びに代えて

　本章では、ヘイトスピーチを中心に、インターネット上の人権侵害を取り巻く日本の現状と近年の動向について概説し、インターネット上の人権侵害に対する望ましい法制度の在り方について検討した。独立した第三者機関の設置が理想的だが、事業者との共同規制も視野に入れた多層的な取り組みが必要となってくるであろう。

　最も避けるべきは、法規制もされず、事業者による自主規制も甘いまま被

害者が救済されないという事態が放置されてしまうことである。そして、その被害は「不平等に」特定のマイノリティに降りかかる。

　今必要なことは、誰もが安心してインターネットを使用できる環境の整備であり、課題は山積みである。だが、こうして筆をとっている間にも人権侵害に当たる情報は拡散され続けている。国やプロバイダはその責務を果たさなければならない。迅速な対応はまさに喫緊の課題である。

【追記】

　本章を執筆している2021年10月21日現在では、報道によると侮辱罪の法定刑を引き上げる刑法改正案を法制審議会の部会がまとめ、21日の総会を経て法相に答申された（https://nordot.app/823838971268005888?c=39546741839462401&fbclid=IwAR0da5QId0520WGrJ24ThGmV6_ZkrwXOPskOk-Zh4wpMp0z87QnqVTwEotk）。

　なお、法務省の他の動きとして、公益社団法人商事法務研究会が主催し、法務省が関係省庁として関わっている。「インターネット上の誹謗中傷をめぐる法的問題に関する有識者検討会」（2021年4月27日に第1回検討会を開催）での議論が挙げられる。当検討会では、今後、インターネット上のヘイトスピーチについても検討することが見込まれる（https://www.shojihomu.or.jp/kenkyuu/nethibouchusyo）。

---

(1)　プロバイダには、大きく分けて①インターネット通信事業者のような接続サービスを提供している者（以下、「アクセスプロバイダ」と言う）（例：docomo、au、softbank、So-net、KDDI等）と②インターネット上でホームページやネット掲示板等といったサービス環境を提供する者（以下、「コンテンツプロバイダ」と言う）（例：2ch.sc、fc2、Twitter、Facebook、Google等）に分けられる。

(2)　サーバーに記録されている、当該サーバーにおける通信記録ないしアクセス記録。各接続ごとに、接続日時、接続相手のIPアドレス、ポート番号などが記録されている。神田知宏『インターネット削除請求・発信者情報開示請求の実務と書式』日本加除出版社、2021年、266頁。

(3)　Bradford W.Reyns, "Being Pursued Online: Extent and Nature of Cyberstalking Victimization from a Lifestyle/Routine Activities Perspective," PhD diss., University of Cincinnati, 2010, 97.

(4)　TROLL PATROL FINDINGS, Using Crowdsourcing, Data Science & Machine Learning to Measure Violence and Abuse against Women on Twitter (https://decoders.amnesty.org/projects/troll-patrol/findings).

(5)　「外国人住民調査報告書」(http://www.moj.go.jp/content/001226182.pdf)。

(6)　「日本国内の人種差別実態に関する調査報告書」（https://gjhr.net/wp-content/uploads/2018/04/e4babae7a8aee5b7aee588a5a5e5ae9fe6858be8aabf e69fbbe7a094e7a9b6e4bc9ae5a0b1e5918ae69bb8e380902018e5b9b4e78 988e380911.pdf）。

(7)　「違法・有害情報への対応等に関する契約約款モデル条項の解説」（https://www.telesa.or.jp/ftp-content/consortium/illegal_info/pdf/ Explanation_of_The_contract_article_model_Ver11-1.pdf）。

(8)　なお、日本には差別禁止法がないために、個人に対するヘイトスピーチも現行法の「名誉毀損」「名誉感情侵害」「プライバシー侵害」等で対応しているが、差別事案の違法性を既存の法枠組みに沿う形で裁判官に説明することは容易ではない。差別禁止法があれば、当該書き込みが「差別」に当たると指摘できればストレートに「違法」と言える。個人に対するヘイトスピーチが何らの留保なしに現行法で対応「できる」とは言えず、個人に対するものも不特定の者に対するヘイトスピーチも「禁止」し、「違法」であると法律によって明記されることが必要であろう。

(9)　社会的法益を含むヘイトスピーチ規制の保護法益の検討については、拙稿「保護法益から再考するヘイトスピーチ規制 ── 人間の尊厳を手掛かりに」『Law and Practice』（第13号）早稲田大学大学院法務研究科臨床法学会研究会、2019年参照。

(10)　2020年5月にテレビのリアリティ番組に出演していたプロレスラーの木村花さんがSNSでの誹謗中傷を原因として自殺に追い込まれるという事件が起こった。この事件を契機に、政治や世論においてインターネット上の誹謗中傷への対応強化を求める風潮が形成されたと考えられる。

(11)　https://www.soumu.go.jp/main_content/000705095.pdf。

(12)　https://www.soumu.go.jp/main_content/000724725.pdf。

(13)　新たな裁判手続きの具体的な課題を示したものとして、垣内秀介「発信者情報開示手続の今後」『ジュリスト』（1554号）2021年参照。

(14)　https://www.soumu.go.jp/main_content/000701995.pdf。

(15)　https://www.soumu.go.jp/main_content/000715292.pdf。

(16)　https://www.soumu.go.jp/main_content/000769270.pdf。

(17)　前掲注（16）55頁参照。

(18)　「インターネット上の誹謗中傷・人権侵害等の更なる対策に向けて　提言」自由民主党政務調査会デジタル社会推進特別委員会インターネット上の誹謗中傷・人権侵害等の対策PT（2020年6月）（https://jimin.jp-east-2.storage.api.nifcloud.com/pdf/news/policy/200256_1.pdf）。「インターネット上の誹謗中傷・人権侵害に対する対策の提言」公明党インターネット上の誹謗中傷・人権侵害等の対策検討PT（2020年6月）（https://www.soumu.go.jp/main_content/000693937.pdf）。

(19)　https://www.pref.gunma.jp/contents/100180730.pdf。

(20)　毎日新聞取材班『SNS暴力 ── なぜ人は匿名の刃をふるうのか』毎日新聞出版社、2020年、216–218頁。

(21)　もっとも、自治体の条例であるがゆえに地理的な適用範囲の問題もあり、条例制定だけでは限界はある。ヘイトスピーチ条例におけるインターネット規制の限界については、曽我部真裕「ヘイトスピーチ条例におけるインターネット規制の限界」『法律時報』（第93巻1号）2020年参照。

(22)　同ホットラインは原則として本人または保護者からの個人に対する権利侵害の相談が対象となっており、不特定の者に対するヘイトスピーチは対象外である。

(23)　同ホットラインの最新の報告は「プレスリリース誹謗中傷ホットライン運用開始から1年間の活動報告を公開」を参照。削除率は79.2%と高い数値だが、特定誹謗中傷情報に該当すると判定した情報は相談件数のうち約2割であった（https://www.saferinternet.or.jp/info/21235/）。

(24)　AIや機械学習を利用した対策としては、例えば、Yahoo!ニュースコメントでは、「建設モデル」「関連度モデル」「不快モデル」の三つのモデルを使用するという方法が用いられている。不快モデルで対象となるコメントは、「暴力的、差別的、過度に品位に欠けるコメント」で等であり、不快モデルおよび関連度モデルでは、同モデルを用いて検知された投稿が自動的に削除される仕組みを導入している。

(25)　「プラットフォーム事業者による個人に対する誹謗中傷投稿への対応に関する提言書」（https://about.yahoo.co.jp/pr/release/2020/12/23a/?fbclid=IwAR0OmfSaKC8pYAOqy2Yt1Wnj3N5SjuguP7ckrI3RKTCwvzO10ScxyJ7Fbps）（file:///C:/Users/miyas/Downloads/1223a%20(4).pdf）。

(26)　前掲注（16）15頁。

(27)　曽我部前掲注（21）82頁。

(28)　各事業者の取り組みについては、総務省プラットフォームサービスに関する研究会第19回配布資料4-1ないし4-5（2020年7月2日）（https://www.soumu.go.jp/main_sosiki/kenkyu/platform_

service/02kiban18_02000096.html)、および同研究会第23回配布資料
1-1ないし1-5（2021年2月25日）参照（https://www.soumu.go.jp/main_
sosiki/kenkyu/platform_service/02kiban18_02000132.html)）。

(29)　有害情報についての対策は、上沼紫野「誹謗中傷と有害情報」『ジュリ
スト』（1554号）2021年参照。

(30)　総務省「インターネット上の違法・有害情報への対応に関する研究会
最終報告書」（2006年8月）等。

(31)　この点につき第二東京弁護士会人権擁護委員会編『インターネットと
ヘイトスピーチ』現代人文社、2019年、曽我部報告参照。

(32)　ヘイトスピーチにかぎらず、削除理由を明確にするためにも、「ポリ
シー規約」のうち「何に対する違反なのか」を明記することは重要で
あろう。

(33)　モデル法案についてはhttps://cyberhumanrightslaw.blogspot.com/2020/
05/blog-post_31.html参照。

(34)　法務省人権擁護機関に専門性、独立性、実効性を持たせた機関を想定
している。なお、2019年1月〜2021年10月における同機関の削除率
は68.08%である。前掲注（28）総務省プラットフォームサービスに
関する研究会第23回配布資料5参照。

(35)　大阪市ヘイトスピーチへの対処に関する条例に基づく、第三者機関で
あるヘイトスピーチ審査会の迅速性欠如を指摘するものとして曽我部
前掲注（21）。

(36)　この点につき、オーストラリアのe-Safety Comissioner等が参考になる。
オーストラリアでは、2015年に「2015年児童オンライン安全強化法
（Enhancing Online Safety for Children Act 2015）」が制定され、2017年
に改正された。同法については井樋三枝子「オーストラリアのネット
いじめ対策 —— 児童ネット安全コミッショナーの設置」『外国の立法』
（No. 266）国立国会図書館調査及び立法考査局、2015年（https://www.
legislation.gov.au/Details/C2015A00024、https://www.legislation.gov.au/
Details/C2017A00051）参照。
　　　コミッショナー事務局についてはhttps://www.esafety.gov.au/ を参照。

(37)　「SIA、ネット上の誹謗中傷情報対策タスクフォース『誹謗中傷ホット
ライン』を設置、本日より相談受付を開始」2020年6月29日（https://
www.saferinternet.or.jp/info/14191/）参照。

(38)　ドイツの「SNSにおける法執行を改善する法律」（Das Gesets zur
Verbesserung der Rechtsdurchsetzung in sozialen Netzwerken
〔Netzwerkdurchsetzungsgesetz-NetzDG〕 vom1.9.2017,BGBI I S.3352）
では、自主的な第三者機関を設けるように誘導する仕組みになってい

るものの、なかなか自主規制機関が設立されなかった。この点につき、鈴木秀美「ドイツのSNS対策法と表現の自由」『メディア・コミュニケーション』（68号）慶應義塾大学メディア・コミュニケーション研究所、2018年、6頁参照。なお、2020年に自主規制機関に相談した件数は13件であった。前掲注（16）26頁参照。件数としてはかなり少ない数として感じられるが、ドイツでは各社のガイドラインに基づき判断されることがほとんどであり、自主規制機関が機能しているか否かの検討については本章では控えたい。

（39） 広範囲にわたったオンライン上の有害なコンテンツに関する包括的規制として、ニュージーランドの「2015年有害デジタル通信法」（https://www.legislation.govt.nz/act/public/2015/0063/latest/whole.html）参照。同法の解説については、井樋三枝子「ニュージーランドの有害デジタル通信法 ── オンライン上の有害なコンテンツに関する包括的規制」『外国の立法』（No. 268）国立国会図書館調査及び立法考査局、2016年参照。

　　　　また、欧州委員会は、2020年1月に、Digital Services Act（DSA）法案を公表した。DSA法案は、すべての仲介サービス提供者（プラットフォーム事業者等）に対して、違法コンテンツの流通に関する責任を規定するとともに、事業者の規模に応じたユーザ保護のための義務を規定している。仲介サービス提供者の違法コンテンツに対する責任について、「単なる導管」「キャッシング」「ホスティング」の3類型に分けて違法コンテンツに対する免責条件を規定するとともに、司法および行政当局からの削除等の措置命令・情報提供命令への報告義務を規定している。なお、一般的なモニタリング義務は課されていない。モニタリングおよびエンフォースメントに関して、各加盟国はDSAの執行責任者であり調査権限等を持つデジタルサービス調整官を設置しなければならないとされている。欧州委員会は超大規模オンライン・プラットフォームに対してモニタリングを行い、義務違反の場合、前年度の総売上高の最大6%の罰金等を科すことが可能となっている。DSA法案の解説については、プラットフォームサービス研究会第24回配布資料1（2021年3月17日）参照。同法案は日本における今後の法制度に関して大変参考になる重要な法案である（https://www.soumu.go.jp/main_content/000739933.pdf）。

（40） 曽我部前掲注（21）82頁。

（41） なお、「厳しい」時的制限を設けたうえで、それについて削除および開示の「義務」を課したうえで「罰金」も課すような法制度の導入は、違憲判決がなされる可能性もあるため、時的制限とのバランスは十分考

慮した制度設計にする必要がある。実際に、フランスでは、「行政機関の通報受領からの1時間以内の削除」や「明らかな違法コンテンツについて通報から24時間以内の削除」義務およびそれに対する懈怠について罰金を課す部分については違憲判決を受けた（Conseil Constitutionnel, Décision n° 2020-801 DC du 18 juin 2020 Loi visant à lutter contre les contenus haineux sur internet）。総務省「SNS上での誹謗中傷への対策に関する取組の大枠について」（前掲注（28）総務省プラットフォームサービスに関する研究会第19回配布資料1及び同研究会第24回配布資料3〔https://www.soumu.go.jp/main_content/000738543.pdf〕も参照）。

（42）　同法については、鈴木前掲注（38）参照。

（43）　A/HRC/17/31、日本語訳（https://www.unic.or.jp/texts_audiovisual/resolutions_reports/hr_council/ga_regular_session/3404/）。

（44）　日本政府も2020年10月に「ビジネスと人権に関する行動計画」（NAP）を策定したところであり、「ヘイトスピーチを含むインターネット上の名誉毀損等への対応」については分野別行動計画で「新しい技術の発展に伴う人権」として挙げられている（https://www.mofa.go.jp/mofaj/files/100104121.pdf）。

テクノロジー／
ビジネスと差別

第10章

「AIによる差別」に
いかに向き合うか
——プロファイリングに関する規制を中心に

成原慧⋯⋯⋯⋯九州大学法学研究院准教授

1⋯⋯⋯⋯はじめに

　近年では、インターネットを通じて社会生活の様々な領域においてデータが収集されることにより、「ビッグデータ」と呼ばれる膨大なデータが集積されるようになっている。また、ビッグデータに基づいて、人工知能（AI）が学習し、分析を行うことにより、社会生活や経済活動に大きなインパクトを及ぼすようになっている。例えば、AIが自動運転、医療、人事、金融など様々な場面で活用され、便利で効率的なサービスが提供されるようになっている。他方で、AIにより女性や人種的マイノリティに不公平な判断が行われるなど、「AIによる差別」も問題として認識されるようになっている。

　そこで、本章では、「AIによる差別」のメカニズムを整理したうえで、それを防ぐ方法を提示するとともに、特にAIを用いたプロファイリング（個人データの分析に基づいて個人の能力を評価したり、将来の行動を予測すること）に着目して、「AIによる差別」を防止するうえで個人情報保護法制が果たし得る役割を明らかにしたい[(1)]。

2⋯⋯⋯「AIによる差別」はなぜ生じるのか

AIは、データからの学習により自らの出力やプログラムを変化させる性質を有している。それゆえ、AIは、データから学習することにより自らの機能を継続的に向上させていくことができる。その反面、このような性質により、AIは、開発者が予見または制御することが不可能ないし困難なリスクを生み出すおそれがある[2]。

AIは、人事・採用の判断、融資・保険の審査、量刑判断などの場面で活用されるようになっているが、その際に差別的な判断を行ってしまうおそれがあると指摘されている。

「AIによる差別」には様々な原因が考えられるが、主な原因は、以下のように整理することができる。

❶アルゴリズムの設計に起因する差別：開発者が差別的な意図をもってアルゴリズムを設計することなどによりAIが差別的な判断を行う。

❷学習するデータに起因する差別：学習するデータの偏りやそれに含まれるバイアスによりAIが差別的な判断を行う。

❸集団の属性に基づく判断に起因する差別：AIが帰属する集団の属性に基づいて個人の能力等を評価・予測することにより差別が生じることがある。

❹人間によるAIへの責任転換：実際には人間が差別的な判断を行ったにもかかわらず、その判断根拠はAIにあるなどとして、AIに責任を転嫁する。

❶アルゴリズムの設計に起因する差別

従来のコンピュータ・プログラムやそれを実装したシステムの場合と同様に、AIも、アルゴリズムの設計により、その判断が差別的なものとなる可能性がある。すなわち、開発者が差別的な意図をもってアルゴリズムを設計したことなどにより、AIが差別的な判断を行うおそれがある。例えば、AIの開

発者が特定の人種や民族に対して偏見を持っていて、特定の人種や民族の人々に対して不利になるようにプログラムを書いた結果、そのように設計されたAIが差別的な判断を行ってしまうといったケースが想定される。もっとも、現実にはこのような悪意を持った開発者は多くないと考えられ、現実の問題になることは限られているだろう。

　他方で、アルゴリズムの設計の際には、必ずしも差別的な意図をもって開発したわけではないものの、意図せずして差別的なアルゴリズムを生み出してしまうという事態も考えられる。例えば、AIを開発する企業のエンジニアが男性だけで構成されている場合には、ともすると女性が置かれている環境に対する視点が欠けてしまいがちで、無意識のうちに女性にとって不利なアルゴリズムの設計をしてしまうという可能性も考えられる。こうしたリスクを防止するためにも、AIの開発者等のダイバーシティを確保・促進することが求められるだろう[3]。

❷学習するデータに起因する差別

　アルゴリズムが適切に設計されたとしても、先に述べたように、AIは偏ったデータから学習することによって、差別的な判断を行ってしまうおそれがある。学習するデータに起因する差別の要因は、①データの代表性の欠如、②データに反映された社会のバイアス、③誤った予測という3つの要因に区別することできる。

　①データの代表性が欠如していると、AIが学習したデータに基づいて差別的な判断を行うおそれがある。つまり、AIの学習に用いられるデータのなかに様々な人々のデータが公正に代表されていないと、AIが差別的な判断を行ってしまうおそれがあるのだ。例えば、スマートフォンのアプリを通じて住民から調査を行う場合、スマートフォンの保有率の低い低所得者や高齢者のニーズが反映されにくくなってしまうおそれがある。AIにデータを学習させる際には、このようにデジタル・ディバイドに起因するデータの偏りにも注意する必要がある[4]。また、顔画像を認識するAIを開発する際に、白人の

顔画像のデータを中心に学習させると、黒人やアジア系の人の顔を正確に認識しにくくなってしまうおそれもある。

②現実の社会を適切に代表するデータであっても、現実の社会自体にバイアスがある場合には、それを反映してAIが差別的な判断を行ってしまうおそれがある。つまり、データの元になっている社会の構造自体に不公平なバイアスがあると、そうした従来の社会の差別的な構造をデータが反映し、それを学習したAIが差別を再生産してしまうおそれがある[5]。例えば、Amazonが、自社の従業員採用において過去の応募者の履歴書のデータを元に応募者の履歴書を評価するAIを開発しようとしたところ、過去の応募者に男性が多数を占めていたため、AIが男性の応募者を優遇し、女性の応募者を不利に扱うおそれがあることが明らかになったため、開発を中止したと報じられている[6]。また、原因は特定されていないものの、検索エンジンで、黒人に使われることが多い人名を検索すると、白人に使われることが多い人名を検索した場合よりも、逮捕に関する広告が表示されやすいという問題も生じている[7]。

③学習するデータに起因する差別の要因として、不正確な予測による差別が挙げられることもある。AIによるデータ分析は、様々な相関関係を明らかにすることができるが、データ分析により明らかにされた相関関係は、必ずしも意味のあるものとはかぎらず、因果関係を伴っているともかぎらない。例えば、地域ごとの新型コロナウィルス感染症に関するキーワードの検索リクエスト数は、ある時期には、地域ごとの感染者数と相関することもあるかもしれないが、状況が変化すると、相関しなくなるかもしれない。それにもかかわらず、両者に相関関係があるとの予断の元に予測を行うと不正確な結果を招くおそれがある。こうした不正確な予測に基づいて政府や企業が感染症対策に関する判断を行うことになれば、一定の地域に居住する人々は感染リスクが高いといった不正確な判断を行うことなどにより、一定の属性を持つ人々に差別的な影響が及ぶおそれもある[8]。

第10章………「AIによる差別」にいかに向き合うか

❸集団の属性に基づく判断に起因する差別

　「AIによる差別」を引き起こすより原理的な要因として、「セグメントに基づく判断」が問題とされることがある。すなわち、AIは、個人を様々な属性を持ったデータの束として認識するため、AIは、個人をその人の有する様々な属性に基づいて確率的に判断することになる。このように、AIは、個人を属性の束として扱うことにより、個人のかけがえのなさを捨象してしまうというのである。AIは、同じ属性を分かち持つ集団の一般的傾向により、個人の能力や性質を抽象的・概括的に判断する傾向がある。このようなAIの判断手法は、身分など集団の属性により個人の能力や性質を抽象的・概括的に判断し、人々の生き方をあらかじめ規定してきた前近代社会の評価手法に類似しているとされる。そして、このような評価手法が普及すると、AIにより排除された人々からなる「バーチャルスラム」が形成され、個人による自己の生の選択・修正が困難になると警鐘が鳴らされている[9]。

　もっとも、このような集団の属性に基づく個人の能力等の判断は、従来から広く行われてきたとも言える。例えば、新卒採用における出身大学や所属する部活に基づく評価なども、属性に基づく個人の評価と言うことができる。そもそも、個人を評価する際に何らかの一般化された判断に依拠することは避けがたく、それが正当な場合も考えられる[10]。個人を評価する際に何らかの属性に基づく一般化された判断に依拠することが避けがたいとすれば、不当な差別を防止するために、判断基準の透明性を確保するとともに、統計的な根拠が不十分な判断基準や、生得的で本人による変更が不可能ないし困難な属性に依拠することを可能なかぎり避けることが求められるだろう[11]。

❹人間によるAIへの責任転換

　「AIによる差別」のなかには、実際には人間が差別的な判断を行ったにもかかわらず、AIに責任転嫁するケースも考えられる。実際にはAIの開発者や利用者など特定の人間が差別的な判断を行ったにもかかわらず、AIがそのような判断を行ったと主張したり、自らがそのような判断をした根拠はAIに

よるデータ分析に基づいていると主張して、自らの責任を回避したり、判断の客観性・科学性を標榜する事態も生じ得る[12]。

3………「AIによる差別」をいかに防ぐか

❶AIによる差別と倫理原則・指針

　これまで見てきたような「AIによる差別」が生じていることを踏まえ、「AIによる差別」を防止するためのルールの策定やテクノロジーの開発が国内外で進められている。

　近年では国際的にAIに関する原則・指針が策定されるようになっているが、以上のような問題を念頭に、日米欧の政府機関・学会・市民団体やG20・OECDなど国際会議・国際機関の策定した代表的なAI関係の原則・指針においても、AIの判断の公平性の確保や差別の防止を求めるものが多くなっている。

　例えば、総務省AIネットワーク社会推進会議が2019年に取りまとめた「AI利活用ガイドライン」では、10原則の一つとして「公平性」の原則が掲げられ、AIの利用者等に「AIシステム又はAIサービスの判断によって個人及び集団が不当に差別されないよう配慮する」ことが求められている。その解説では、「AIの学習等に用いられるデータの代表性やデータに内在する社会的なバイアス等に留意」するとともに、「学習アルゴリズムによるバイアス」に留意することが求められている[13]。

　また、欧州委員会が2019年に策定した「信頼に値するAIのための倫理ガイドライン」では、基本権および倫理原則を具体化した要請の一つとして、「多様性、非差別および公平性」が掲げられ、その内容として、データに含まれる歴史的なバイアス、データの不完全性、AIの開発（プログラミング等）におけるバイアスなどに起因する差別を回避することなどが求められている[14]。

　AIの開発者・利用者は、「AIによる差別」を防止するために、こうしたAIに関する原則・指針の内容を参照することが期待される。

❷AIによる差別と法

　「AIによる差別」は、倫理的な問題となるのみならず、法的な問題ともなり得る。日本では今のところ、「AIによる差別」に特化した法規制はないが、政府や企業がAIを用いて特定の個人に対して差別的な判断を行った場合には、憲法や各種の法令との関係で違憲ないし違法となる可能性もある。

　日本国憲法14条1項は、「すべて国民は、法の下に平等であって、人種、信条、性別、社会的身分又は門地により、政治的、経済的又は社会的関係において、差別されない」と定めている。憲法の人権規定は一義的に国または公共団体の統治行動との関係で個人の自由と平等を保障したものと解されている。したがって、国や自治体がAIを利用して個人の権利・利益に関わる判断を行う場合には、「AIによる差別」を防止することが憲法上も要請されていると言える。他方で、憲法の人権規定は、国または公共団体と個人の関係を規律するものであり、民間企業と個人など私人相互の関係には直接適用されないと考えられているため[15]、企業など私人が「AIによる差別」を引き起こしたとしても、直ちに憲法14条の平等原則に違反するとは言い難い。もっとも、企業など私人がAIを利用する場合であっても、民法の一般条項などを介して憲法14条の定める平等原則の趣旨が間接的に適用され、「AIによる差別」が違法とされる余地もある[16]。また、信条等による差別や男女差別を禁じる労働法の規定や各種の業法の規制[17]に基づき、企業が「AIによる差別」を防止することが法的に要請される場合も考えられる[18]。

　欧米では「AIによる差別」に対応するための立法に向けた検討も進められている。欧州委員会は、2021年4月にAIに関する新たな法的枠組みを構築するための規則案を提案している。規則案では、AIシステムにより差別的な判断が行われるリスクがあるといった認識を踏まえ、算出される社会的スコアにより特定の個人または集団に不当または不均衡な取り扱いが行われるおそれがある場合などに公的機関が個人の信頼性を評価・分類するためにAIシステムを提供・利用することが禁じられている。また、公共の場での法執行目的でのリアルタイムの遠隔生体識別システムの利用が原則として禁じられて

178

いる。そして、規則案では、生体識別、学校教育や入学試験における生徒・受験者の評価、企業における採用や人事管理、法執行機関による個人のリスク評価や犯罪捜査などのために用いられるAIシステムを、高リスクのAIシステムと位置づけ、該当するAIシステムについて、ライフサイクル全体におけるリスク管理システムの構築・実装、開発時のデータガバナンスならびに情報の記録・開示および人間による監督を可能とする設計・開発などの義務を課している[19]。

　一方、米国の連邦取引委員会（FTC）の法務専門職は、2021年4月にFTCの公式ブログにおいて、企業による人種に関するバイアスを含むアルゴリズムの販売または利用が「不公正または欺瞞的な慣行または行為」を禁じたFTC法5条に違反する可能性があるとの見解を示したうえで、企業にAIによる差別を防止するための取組を推奨している[20]。

　以上のような法的規制によりAIの開発者や利用者に「AIによる差別」を防止するインセンティブを与えることが見込まれる。

❸差別を防止するテクノロジー

　「AIによる差別」を防ぐに当たっては、テクノロジーも重要な役割を果たす。例えば、人種や性別など差別の要因となるセンシティブな情報に依存せずにAIがデータを分析する手法の開発も試みられている[21]。もっとも、人種や性別のデータを利用しなかったとしても、住所や職業など人種や性別と相関関係にあるデータを利用することによって、結果として差別的な判断が行われるおそれも指摘されており[22]、AIの判断の公平性を確保するためには利用するデータの範囲や性質について慎重な考慮が必要となる。また、製品・サービスの設計の段階でプライバシーの保護や差別の防止などに配慮する「X・バイ・デザイン」と呼ばれる手法も取り入れられるようになっている[23]。もっとも、AIは利用される段階でデータから学習して変化していくため、開発者が設計段階で人権に十分配慮して設計したとしても、偏りのあるデータを学習することなどにより人権を侵害するようになるおそれもある。「AIに

よる差別」を防止するためには、AIの設計段階で差別の防止に配慮した設計を行うとともに、利用段階でも、AIに与えるデータの質に注意するなどして、AIのライフサイクル全体で配慮することが求められる[24]。

4……AIによるプロファイリングと差別

❶プロファイリングの便益とリスク

　近年では、AIを用いたプロファイリングが広く行われるようになっている。プロファイリングは、必ずしもAIにより行われるとは限らないが、AIを用いて行われることが多くなっている。プロファイリングは、金融機関による融資の審査、保険会社による保険加入の審査、就職の際の選考、刑事裁判における量刑判断など、私たちの人生を左右する重要な局面においても活用されるようになっている。プロファイリングは、AIが行う機能のなかでも、特に差別のリスクを有していることから、以下では、プロファイリングに伴う差別のリスクと関連する法制度に着目して、検討していきたい。

　欧州連合（EU）の一般データ保護規則（GDPR）4条（4）では、プロファイリングは「自然人に関係する一定の個人的側面を評価するための、特に、当該自然人の業務遂行能力、経済状況、健康、個人的選好、興味関心、信頼性、行動、位置または移動に関する側面を分析または予測するための、個人データの利用により構成される、個人データのあらゆる形式の自動化された処理」と定義されている[25]。

　プロファイリングは、個人や企業に様々な便益や利便性をもたらす一方で、個人の権利や民主主義社会の価値を損ねるおそれも懸念されている。プロファイリングにより、個人のプライバシーが侵害されるのみならず、思想・良心の自由が侵害されたり表現の自由に萎縮効果が及んだり、個人の意思決定が操作されたり、民主主義のプロセスが歪曲されるおそれが指摘されるようになっている[26]。

　本稿の目的で特に注目すべきは、プロファイリングによる差別のリスクで

第3部………テクノロジー／ビジネスと差別

ある[(27)]。例えば、従業員の採用選考においてもプロファイリングが活用されるようになっているが、プロファイリングに用いられるAIが依拠するデータに偏りがあると、女性や人種的マイノリティに不利な判断が行われるおそれもある。

❷欧州 ── GDPRによる対応

　プロファイリングに対する法的規制をリードしているのが欧州である。EUの一般データ保護規則は、個人データの処理についてデータ主体である個人に様々な権利を保障しているが、そのなかにはプロファイリングに対する各種の権利も含まれている。

　GDPRでは、プロファイリングに対する個人の権利として、プロファイリングを含む個人データの処理に対する異議申立権（21条）に加え、プロファイリングを含む自動化された処理のみに基づく意思決定に服さない権利（22条）が保障されている。後者の権利は、契約の締結・履行に必要な場合やデータ主体の同意に基づく場合には適用されないが、その場合でも、人間の関与を得る権利、見解を表明する権利、決定を争う権利などデータ主体の権利が保障されている[(28)]。

　もっとも、このようなプロファイリングに対する個人の権利がどこまで認められるかについては不確定な面もあり、また権利侵害があったとしても外部から認識することが困難であるという課題もある。このため、GDPRは、事業者に権利侵害を防止するためのガバナンス体制の構築を行うインセンティブを与えることなどにより、構造的に個人の権利を保護しようとしている[(29)]。

❸米国 ── 州法および適正手続き条項による対応

　米国では、連邦レベルのプロファイリング規制は導入されていないが、一部の州ではプロファイリングを規制しようとする動きもある。例えば、カリフォルニア州消費者プライバシー法では、個人情報の例として、消費者に関するプロファイルを作成するために他の個人情報から導き出された推論結果

(inference）が挙げられているなど、プロファイリングへの対応も念頭に置かれた規定が設けられている⁽³⁰⁾。

　また、刑事司法におけるプロファイリングの利用については、米国の判例上、一定の条件が付されるようになっている。例えば、ウィスコンシン州の刑事裁判において裁判官が量刑判断を行う際にCOMPAS（the Correctional Offender Management Profiling for Alternative Sanctions）と呼ばれる再犯リスク評価プログラムの判断を考慮したところ、これが被告人の適正手続きを受ける憲法上の権利を侵害するか否かが争われたが、州最高裁は、COMPASの判断を参照することは、裁判所が、（被告人に類似する集団のデータに基づき概括的なリスク評価を行っているに過ぎないといった）プログラムの限界と注意点を認識し、プログラムの判断を決定的なものとして扱わず、裁判所が判決を支持する独立した要素を説明するなど一定の条件のもとで適切に利用するかぎりにおいて、被告人のデュープロセスを受ける権利を侵害しないと判示した⁽³¹⁾。

❹日本 ── 個人情報保護法による対応

　日本の個人情報保護法では、プロファイリング自体に対する規制は盛り込まれてこなかった。他方で、2015年改正により、個人情報保護法に要配慮個人情報という概念が導入されることになった。要配慮個人情報とは、「本人の人種、信条、社会的身分、病歴、犯罪の経歴、犯罪により害を被った事実その他本人に対する不当な差別、偏見その他の不利益が生じないようにその取扱いに特に配慮を要するものとして政令で定める記述等が含まれる個人情報」（同法2条3項）である。要配慮個人情報については、取得する際に原則として本人同意が必要（同法17条2項）とされ、第三者へ提供する際のオプトアウト手続き（本人の同意を得ることなしに個人データを第三者に提供しつつ、本人の求めに応じて提供を停止する手続き）を取ることもできない（同法23条2項）。定義規定からも読み取れるように、要配慮個人情報に関する規定は、憲法14条1項の規定等を参照しつつ、人種、信条、病歴など差別や偏見の原因となる記述等を含む個人情報の取り扱いを厳格化するために設けられたものと言える⁽³²⁾。

もっとも、企業は、要配慮個人情報を直接取得しなくても、関連するデータに基づいてプロファイリングを行うことにより要配慮個人情報を推知することが可能かもしれない。例えば、プラットフォーム事業者やレンタルビデオ貸出事業者は、ウェブの閲覧履歴やレンタルビデオの貸出履歴から、本人の信条を推測することもできるかもしれない。しかし、個人情報保護法のガイドラインでは、要配慮個人情報を推知させるに過ぎない情報は要配慮個人情報に当たらないと解されている。例えば、思想や信仰など信条を含む情報は要配慮個人情報に当たるが、宗教に関する書籍の購買や貸し出しに係る情報は、それを推知させる情報に過ぎないため、要配慮個人情報には当たらないと解されている[33]。

　また、プロファイリングにより要配慮個人情報を推知・予測することが要配慮個人情報の取得に当たり本人同意を要するか否かについては、肯定する学説も示されているが[34]、否定する見解も有力である[35]。

　なお、放送の視聴者等の視聴履歴等の適正な取り扱いに関し関係事業者の遵守すべき基本的事項について定めた「放送受信者等の個人情報保護に関するガイドライン」では、視聴者等が躊躇せずに放送を視聴することのできる環境を確保することの必要性に鑑み、「受信者情報取扱事業者は、視聴履歴を取り扱うに当たっては、要配慮個人情報を推知し、又は第三者に推知させることのないよう注意しなければならない」（同ガイドライン34条）と定められている[36]。

　以上のように、日本の個人情報保護法においてプロファイリングに対応したルールが必ずしも十分に整備されていないなか、2019年に、リクルートキャリアが、就職活動中の学生から有効な同意を得ずに、AIを用いて予測した学生の内定辞退率のデータを企業に有償で提供していたことが明らかになり、批判を招いた[37]。

　個人情報保護委員会は、リクルートキャリアが個人情報保護法20条で求められる安全管理措置を適切に講じず、同法23条1項の規定に基づいて必要とされる同意を得ずに第三者に個人データを提供していたとして、同社等に

第10章………「AIによる差別」にいかに向き合うか

対し、個人情報保護法42条第1項に基づく勧告および同法41条に基づく指導を行った[38]。リクナビ事件は、就職という人生の重要な選択肢において、AIを用いたプロファイリングが、個人の将来に重大な影響を与える可能性や個人を差別するリスクがあることを示す実例となった。

　リクナビ事件の教訓も踏まえ、2020年の個人情報保護法改正により、提供元では個人データに当たらないものの、提供先において個人データとなることが想定される個人関連情報（クッキーなど）の第三者提供について、本人同意が得られていること等の確認が義務づけることになった（同法26条の2）。また、同年の改正では、「個人情報取扱事業者は、違法又は不当な行為を助長し、又は誘発するおそれがある方法により個人情報を利用してはならない」との規定が盛り込まれた（同法16条の2）。プロファイリングについても、特定の個人に対する差別を誘発するなど、違法または不当な行為を助長・誘発するおそれがある場合には、本規定により禁止される余地もあるだろう[39]。なお、2021年8月に個人情報保護法ガイドライン（通則編）が一部改正され、利用目的の特定（個人情報保護法15条1項関係）について、プロファイリングに基づくターゲティング広告の提供や信用スコアの算出などを念頭に、「本人から得た情報から、本人に関する行動・関心等の情報を分析する場合、個人情報取扱事業者は、どのような取扱いが行われているかを本人が予測・想定できる程度に利用目的を特定しなければならない」との解説が加えられた。これを踏まえ、事業者は、本人が自らの個人情報がプロファイリング等に利用されることを予測できるよう、利用目的を具体的に特定することが求められる[40]。

5 個人情報保護法と差別の防止

　一般には、個人情報保護法はプライバシーを保護するための法律という理解が有力であるように思われる。そのような理解は一面では正しいものであるが、AIをはじめテクノロジーが発展した今日においては、個人情報保護法は、プライバシーを守るためだけでなく、差別を防止して平等を保護するためにも重要な役割を果たすことを期待されるようになっている[41]。

個人情報保護法1条は、「個人情報の有用性に配慮しつつ、個人の権利利益を保護すること」を同法の目的と定めている。同法の目的既定に「プライバシー」は、明示的には掲げられていないが、プライバシーは権利利益の主要なものに当たると解されてきた[42]。そのうえで、同法の基本理念では、「個人情報は、個人の人格尊重の理念の下に慎重に取り扱われるべきものであることにかんがみ、その適正な取扱いが図られなければならない」（同法3条）とされており、憲法13条の定める「個人の尊重」原理やプライバシーとの接続が示唆されている[43]。

　一方、最近の個人情報保護法制では、プライバシー以外にも、差別の防止などの目的も重視されるようになっている。例えば、先に見たように、2015年の個人情報保護法改正により、差別や偏見の原因となる記述等を含む個人情報の取り扱いを厳格化するために要配慮個人情報に関する規定が導入された。また、プロファイリングによる個人の選別のリスクが顕在化し、個人情報保護法制による対処が求められるようになっているなかで、個人情報保護法制の目的として、データに基づく自動処理による個人の選別からの保護という目的も見出されるようになっている[44]。

　EUのGDPRにおいても、差別の防止が法目的の一つになっているということができる。GDPRは、「自然人の基本権および自由、特に個人データの保護に対する権利を保護」（1条2項）するものと位置づけられており、データ保護は、それ自体が基本権であるのみならず、個人の基本権一般の保護に資するべきものと解されている。そして、データ保護は、差別を受けない権利の実効的な保護にも資すると解されている[45]。

　AIの発展は、個人情報保護法制における差別の防止という、これまで十分に注目されてこなかった目的の重要性を高めていくことになるだろう。

5……… おわりに

　本章で明らかにしてきたように、「AIによる差別」として注目されている

問題の多くは、AI自体が差別を生み出したというよりも、人間がこれまで生み出してきた差別の構造を、AIがデータを通じて学習し、差別を再生産したものと言うことができる。すなわち、「AIによる差別」は、私たちの社会における差別を可視化し、差別への対応のあり方を問い直しているのだ。また、「AIによる差別」は、私たちに、そもそも「平等」とは何か、「差別」とは何かという根本的な問いも投げかけているように思われる。

　本章で述べてきたように、「AIによる差別」を防止するうえでは、憲法の平等条項や各種の差別禁止法のみならず、個人情報保護法をはじめとする情報法との連携も重要になっている。このことは翻って、「AIによる差別」やプロファイリングは、個人情報保護法の目的は何なのか問い直しているとも言える。欧州などでAIの規制に向けた立法の検討が進められているが、現行の個人情報保護法によっても、プロファイリングによる差別など「AIによる差別」に対応することのできる場面は少なからずある。

　また、これまで見たように、「AIによる差別」を防止するためには、発展途上の法のみならず、倫理的な原則・指針、企業の自主的取組、テクノロジーも大きな役割を果たしている。「AIによる差別」は、平等や公平性の意味を問い直すと同時に、それを実現するための法とテクノロジーの役割をも問い直しているのである。

---

(1)　本章の内容の一部は、成原慧「AIと人権」『明日へ』（64号）東京人権啓発企業連絡会、2021年、8頁以下をもとにしている。

(2)　このような問題意識からAIの定義を試みるものとして、総務省AIネットワーク社会推進会議「国際的な議論のためのAI開発ガイドライン案」（2017年）5–6頁等参照。

(3)　European Commission (High-Level Expert Group on Artificial Intelligence), Ethics Guidelines for Trustworthy AI 23 (2019); Sarah Myers West, Meredith Whittaker & Kate Crawford, Discriminating Systems: Gender, Race, and Power in AI 15–19 (2019).

(4)　FTC, Big data: A Tool for Inclusion or Exclusion? 27–28 (2016).

(5)　FTC, *supra* note 4, at 28–29.

(6) Jeffrey Dastin, *Amazon scraps secret AI recruiting tool that showed bias against women*, Reuter, Oct. 11, 2018.

(7) Latanya Sweeney, *Discrimination in Online Ad Delivery*, 56 Commc'ns of the ACM 44 (2013).

(8) FTC, *supra* note 4, at 29–31 をもとに改変した事例である。

(9) 山本龍彦「ロボット・AIは人間の尊厳を奪うか?」弥永真生、宍戸常寿編『ロボット・AIと法』有斐閣、2018年、86–88頁。山本龍彦編著『AIと憲法』日本経済新聞出版、2018年、67–74頁参照。

(10) Frederick Schauer, Profiles, Probabilities, and Stereotypes (2003).

(11) 関連して、森悠一郎「統計的差別と個人の尊重」『立教法学』(100号)立教大学法学部、2019年、215頁以下参照。

(12) 成原慧「基調講演　AI時代の差別と公平性」反差別国際運動『IMADRブックレット19　AIと差別』解放出版社、2020年、16頁、明戸隆浩「『AIと差別』という問題系」前掲書32–33頁。

(13) 総務省AIネットワーク社会推進会議「AI利活用ガイドライン」(2019年)23–24頁参照。

(14) European Commission, *supra* note 3, at 18–19.

(15) 最大判昭和48年12月12日民集27巻11号1536頁(三菱樹脂事件)。

(16) 日産自動車事件(最判昭和56年3月24日民集35巻2号、300頁)において最高裁は、女性従業員の定年年齢を男性従業員より低く定めていた就業規則について、「性別のみによる不合理な差別を定めたものとして民法九〇条の規定により無効であると解するのが相当である(憲法一四条一項、民法一条ノ二参照)」と判示している。

(17) 例えば、労働基準法3条、男女雇用機会均等法5条・6条、障害者差別解消法8条、電気通信事業法6条等参照。

(18) 例えば、企業の人事考課において用いられたAIの評価や判断に差別や恣意性があった場合には、人事権の濫用として違法となり得る。松尾剛行『AI・HRテック対応 人事労務情報管理の法律実務』弘文堂、2019年、230–239頁参照。

(19) *Proposal for a Regulation of the European Parliament and of the Council laying down Harmonised Rules on Artificial Intelligence (Artificial Intelligence Act) and Amending Certain Union Legislative Acts*, Com (2021) 206 Final (Apr. 21, 2021).

(20) Elisa Jillson, *Aiming for truth, fairness, and equity in your company's use of AI*, FTC Business Blog (Apr. 19, 2021)(https://www.ftc.gov/news-events/blogs/business-blog/2021/04/aiming-truth-fairness-equity-your-companys-use-ai).

(21) 神嶌敏弘、小宮山純平「機械学習・データマイニングにおける公平性」
『人工知能』（34巻2号）人工知能学会、2019年、196頁以下等参照。

(22) Will Knight, *The Apple Card Didn't 'See' Gender—and That's the Problem*, WIRED, Nov. 19, 2019.

(23) 「バイ・デザイン」と呼ばれる手法の意義と限界について、成原慧「AI
ネットワーク社会におけるアーキテクチャと法のデザイン」稲葉振一
郎ほか編『人工知能と人間・社会』勁草書房、2020年、98–100頁参照。

(24) AIの利活用段階における運用のガバナンスの重要性につき、成原・前
掲注（23）104–108頁参照。

(25) 自然人とは、権利義務の主体である個人のこと。会社など法人と対比
して用いられる。

(26) 山本龍彦『プライバシーの権利を考える』信山社、2017年、142–144、
265–270頁参照。

(27) パーソナルデータ＋α研究会「プロファイリングに関する提言案」
NBL1137号64頁（2018年）も、企業にプロファイリングに関するコ
ンプライアンス体制等の整備を推奨するとともに、「その際、プロフ
ァイリングが、プライバシーのみならず、平等や公正概念との関係でも
問題になり得る点に留意すべきである」と述べている。

(28) GDPRの概説書として、小向太郎、石井夏生利『概説GDPR』NTT出
版、2019年等参照。

(29) 山本龍彦「『完全自動意思決定』のガバナンス」『情報通信政策研究』
（3巻1号）総務省情報通信政策研究所、2019年、25頁以下も参照。

(30) 成原慧「アメリカにおけるプライバシーと個人情報保護法制」比較法
研究81号204–205頁（2020年）も参照。

(31) State v. Loomis, 881 N.W.2d 749 (Wisc. 2016), cert. denied, Loomis v.
Wisconsin, 137 S.Ct. 2290 (2017).

(32) 宇賀克也『個人情報保護法の逐条解説（第6版）』有斐閣、2018年、47
頁も参照。

(33) 個人情報保護委員会「個人情報の保護に関する法律についてのガイド
ライン（通則編）」12頁（平成28年11月〔令和3年8月一部改正〕）参
照。

(34) 積極説として、山本・前掲注（26）266頁参照。

(35) 消極説として、宇賀克也ほか「〔鼎談〕個人情報保護法改正の意義と課
題」『行政法研究』（13号）信山社、2016年、11頁〔藤原静雄発言〕
参照。

(36) 「放送受信者等の個人情報保護に関するガイドライン」（総務省告示第
159号）平成29年4月27日。

188

（37） 日本経済新聞電子版「就活生の「辞退予測」情報、説明なく提供　リクナビ」2019年8月1日など。

（38） 個人情報保護委員会「個人情報の保護に関する法律第42条1項の規定に基づく勧告等について」（令和元年8月26日）、同「個人情報の保護に関する法律に基づく行政上の対応について」（令和元年12月4日）等参照。

（39） 個人情報保護委員会・前掲注（33）34頁参照。

（40） 前掲28–29頁参照。

（41） 成原慧「個人情報保護法制の官民一元化に向けた検討状況と課題」『法政研究』（87巻3号）九州大学法制学会、2020年、799–800頁参照。

（42） 園部逸夫、藤原静雄編『個人情報保護法の解説（第二次改訂版）』ぎょうせい、2018年、53–54頁参照。

（43） 園部、藤原編・前掲注（42）98頁参照。

（44） 高木浩光「個人情報保護から個人データ保護へ――民間部門と公的部門の規定統合に向けた検討（2）」『情報法制研究』（2号）情報法制学会、2017年、89–99頁、同「個人情報保護法3年ごと見直しに向けた意見」（個人情報保護委員会への提出資料、2019年5月17日）参照。

（45） The EU General Data Protection Regulation (GDPR): A Commentary 50–51, 56–57 (Christopher Kuner et al. eds., 2020).

第**11**章

ビジネスは人権を守れるのか？
── イノベーションの落とし穴

佐藤暁子………弁護士

1………はじめに

　2018年、eコマースにおける世界的なリーディング企業であるamazonが、AIを活用した人材採用システムの開発の中止を発表した。AIによって差別が助長される恐れがあることがその理由である。企業は、なぜ、テクノロジーを利活用するにあたり、差別をしないよう行動することが求められているのか。それが単なる倫理的な規定を超えて、法律としても求められつつある背景は何なのか。テクノロジーが可能なかぎり人権に対して負の影響を与えないために、企業が事業を展開するうえで今後、留意すべき点、検討すべき点はいったい何か。

　ここでは、テクノロジーが引き起こす差別について、特に企業としてどのような姿勢で取り組むことが求められているか、「ビジネスと人権」に関する昨今の議論の発展を踏まえて提言したい。

2………ビジネスと人権について

❶概要

　人権と聞くとどのような印象を持つだろうか。しかもそれが「ビジネス」

とくっつくと「果たして一体何のことやら」と思う人も多いかもしれない。これは「ビジネス」と「人権」という異なる別々の言葉ではなく、「ビジネスと人権」という視点を提供する枠組みである。

　もともと国際人権の概念は、国家がその権力を濫用して市民の権利を抑圧、制限するといった歴史を踏まえ、国家が市民の基本的な権利を保障するよう求める議論のなかで発展してきた。マグナカルタ、権利章典、アメリカ独立宣言、フランス人権宣言など聞き覚えがあるかと思うが、これらはいずれも、国家による専制政治に対抗する市民の声によって実現したものであった。しかし、グローバリゼーションが進み、多国籍企業をはじめ、世界各国にサプライチェーンを張り巡らす企業が児童労働、強制労働、環境破壊といった人々や環境へ大きな悪影響を与えていることが明らかになるにつれ、企業に対する国際的なルールの設定を求める声も高まっていった。

　2015年に国連で採択された持続可能な開発アジェンダ2020（SDGs）は、カラフルなロゴをシンボルとして、多くの企業が取り組みを宣言している。しかしそれに先立つ4年前の2011年に、国連人権理事会で「ビジネスと人権に関する指導原則（UN Guiding Principles on Business and Human Rights）（以下、「指導原則」と言う）」が全会一致で承認された。日本を含むすべての国連加盟国は、次に示す指導原則を各国内で実施する義務を負うことになった。

　全部で31原則ある指導原則は、下記の三つの主要な柱からなる。

● 第1の柱：国家の人権保護義務（指導原則1–10）
● 第2の柱：企業の人権尊重責任（同上11–24）
● 第3の柱：人権侵害の被害者の救済へのアクセス（同上25–31）

　第1の柱では、国際法上従来から認められている領域・管轄内にある個人の権利を尊重、保護、実現する国家の義務（Duty to protect human rights）が示されている。そして、その義務を履行するために、企業が人権を尊重するための法律・施策の実施なども定めている。

第2の柱では、企業が人権を尊重する責任（Responsibility to respect human rights）が明示された。企業は国際的に認められた人権基準である、世界人権宣言、自由権・社会権規約、ILO宣言が述べる中核的労働基準、女性差別撤廃条約、子どもの権利条約、障害者権利条約などに則って行動することを求められている。つまり、団結権・団体交渉権・団体行動権、安全衛生といった労働者の基本的な権利、教育を受ける権利、住居へのアクセス権、性別や障害、国籍、人種、思想・信条などによって差別されない権利（人権）を企業も尊重しなくてはならない。

　指導原則は、企業がこれらの人権を尊重する責任を果たすために「人権デュー・ディリジェンス」（以下、「人権DD」と言う）を実施することを求める。経営陣が表明する指導原則に対するコミットメント（「人権方針」と題したものが多い）に基づき、原材料の調達、製造、輸送、そして消費、廃棄といったサプライチェーン・バリューチェーン全体を通し、企業活動による人権侵害のリスクを特定し、予防・軽減する措置を講ずる。そして仮に人権侵害が生じた場合には、グリーバンスシステム（対話・救済メカニズム）を通じて救済する。この一連かつ継続的なプロセスが人権DDである。対象となる企業は本社所在国や業種、規模を問わない。つまり、あらゆる業種のあらゆる規模の企業が、指導原則のもとで人権DDを実施することを期待されている。

　企業と人権侵害の関わり方は様々である。従業員の労働環境の問題や事業活動による公害など、企業が直接引き起こしている場合（cause）は比較的わかりやすい。インターネットサービス利用者に関するデータを政府に提供し、政府がそのデータを政治的反体制者の追跡・起訴のために使用する、あるいはサプライヤーに対する無茶な要件変更によってサプライヤーにおける労働基準違反を余儀なくさせる、といった場合には、人権侵害に助長・加担している（contribute）とされる。さらには、企業自身が助長していないとしても、取引先や再下請け先が児童労働によって原材料を調達している場合など、取引関係によって企業の事業・製品・サービスと直接結びついている場合（directly linked）もある。このように、企業が責任を負うべき人権の範囲は、そ

の内容も、範囲も非常に幅広い。

　また、プロセス全体を通じて重要なのが、ステークホルダーとのエンゲージメント（対話）である。ステークホルダーとは、そのまま訳せば「利害関係者」であるが、事業活動によって影響を受ける可能性のある人々を指す。企業の従業員が重要なステークホルダーであることは誰も疑わないだろう。加えて、自社にとどまらず、サプライチェーン、つまり取引先の従業員、また、商品・サービスのユーザー、消費者といったサプライチェーンの先に位置する人たちも影響を受けることからステークホルダーに含まれる。あるいは、直接のユーザーでなくとも、市場に向けて宣伝・広報する際には幅広い層に影響を与えるが、この場合、ある特性に属する不特定多数の者が影響を受けるので、この人々がステークホルダーとなる。例えば、女性差別となる表現を含む広告は、特定の女性に対して向けられたものではないが、女性全体に対する負の影響を及ぼすものと評価できる。したがって、実際に影響を受ける、あるいは受けるおそれのあるステークホルダーとしっかりとコミュニケーションをとって人権DDを実施することが、人権リスクを最小限にするためには重要である。

　そして、たとえ国内法令を遵守しているとしても、それが国際人権基準に合致していない、つまり国際人権基準の観点から不十分とされる場合には、指導原則に基づくコンプライアンスとしては足りないと評価されることについては特に留意する必要がある。

　第3の柱では、救済へのアクセス（Access to remedy）を定める。どれだけ人権DDを実施したとしても、事業活動は社会や環境に何らかの負荷を与えるので、人権リスクはゼロにはならない。したがって、人権リスクが生じた場合には、できるだけ早く、適切な形で救済を提供することが必要となる。これには、裁判など国家が提供する司法ベースのものから、企業内部に整備される事業レベルのグリーバンスまで様々である。

　ただし、指導原則それ自体はいわゆる「ソフトロー」であり、条約や法律のように、国家や企業に対する法的拘束力を有するものではない。一方で、

指導原則が公表されて以降、多くの国々でその内容を何らかの形で法制化する動きが次々と見られ、同時に、法制化を待たずに自ら積極的に取り組みを進め、法制化についても支持する企業も増えてきているのが現状である。

❷日本の政策とグローバルの法制化の流れ

①各国の法制化

　指導原則自体に法的拘束力がないとしても、これを承認した各国政府には指導原則を自国の政策に反映し、実現する義務がある。各国はまず、自国の政策、現状と国際人権基準とのギャップを特定し、必要な施策のロードマップを示すための国別行動計画（National Action Plan: NAP）を策定することが推奨され、2021年9月現在、27ヵ国が策定している[1]。

　法制化も指導原則実施のための施策の一つであり、2012年のカリフォルニア州サプライチェーン透明法、2015年の英国現代奴隷法、2017年のフランス人権DD法、2019年のオーストラリア現代奴隷法、2020年のオランダ児童労働DD法、2020年のドイツのサプライチェーンディリジェンス法と、各国は次々と法制化へと動いている。各国法の具体的な対象や範囲は異なるが、サプライチェーン全体の人権リスクを対象とした人権DDの実施、特定された人権リスク対応策の有効性やモニタリング、そしてその情報の開示などが含まれる。さらにフランスでは、要件を充足する人権DD計画策定の義務づけ請求や不十分なDD計画に起因する損害に対する賠償請求が一定の条件で可能となるなど、企業活動全体を通じた国際人権の尊重が法的義務であることがより強調されたものとなっている。

　ただし、指導原則の対象は国際的に認められた人権と幅広いことに比較すると、法律の対象について、イギリスやオーストラリアでは特に深刻な人権侵害である強制労働、人身売買に限定するなど、指導原則の範囲をすべてカバーするものではない。とりわけ、本章との関係で、テクノロジーと差別といったテーマについて、これらの法律で十分対応できているかは疑問が残る。実際に、現存の法律がテクノロジーと差別の観点から企業に適用された例は

まだない。「人権」として幅広く対応するために、従来は必ずしも検討の対象とはなっていなかったかもしれない人権課題についても、ビジネスと人権の切り口から十分に対応できるような法制度設計を考える必要がある。

②国内での議論

　日本では、2016年11月にジュネーブで開催された国連のビジネスと人権フォーラムにてNAPを策定することを表明したものの、その後しばらく動きはなく、ようやく2018年4月からベースラインスタディ意見交換会が経団連、連合、市民社会、日弁連といったステークホルダーを招いて実施された。10回の意見交換会[2]を経て発表された「ベースラインスタディ報告書」[3]（現状把握調査）を前提に、2019年4月より、作業部会および諮問委員会にて具体的なNAPの内容に関する議論が進められてきた[4]。その結果として、2020年2月に原案がパブリックコメントに付され、同年10月16日に「『ビジネスと人権』に関する行動計画（2020–2025）」[5]が公表された。

　ここでは重点分野の一つとして「新しい技術の発展に伴う人権」が挙げられ、このなかで「AIが社会に受け入れられ適正に利用されるよう、人権尊重の観点も含め、『人間中心のAI社会原則』の定着に努めていく」ことが、今後実施する具体的な措置とされた。そして、AIの利用と人権に関する議論の推進のために、全府省庁が同行動計画の施策担当として指定された。

3……テクノロジーがもたらす人権リスク

❶問題点

　テクノロジーは、本来は私たちの生活を豊かにすることを目的として発展してきたはずである。IT技術の進展は、世界中の人々とのコミュニケーションを可能にし、新しい視点の獲得や、自身の視座の深化を実現する。あるいは、技術によって、イノベーションが起き、これまで不可能だと思われていたことが現実となる。技術革新によって日常生活における課題が解決され、

個人の可能性は拡がる。

　しかし、実際には、そうバラ色の未来だけではない。すでに紹介されたように、実際にテクノロジーによってむしろ人権が制限、侵害される事態が現実化している。テクノロジーに限らず、私たちの生活に利便性をもたらすサービスや商品は、その一方で意図せずとも人権侵害を引き起こしたり、助長したりする事実はこれまでも指摘されてきた。指導原則の意義も、そういった人権に対する負の影響を企業も意識的に特定し、その解決に取り組むことを促すことにある。

　指導原則の観点からテクノロジーがもたらす人権侵害を考える場合、その研究・開発段階およびサービス提供の段階において、誰のどのような権利が侵害され得るのかを丁寧に検討する必要がある。もちろん、テクノロジー開発企業の従業員やその製造過程に関わる労働者の人権問題も重要であるが、ここでは、特にその技術の利活用に関連する人権リスクに着目する。

❷テクノロジーと人権に関する施策 —— AI を例に

　様々なテクノロジーのなかでも近年、特にその可能性が注目されている AI について、日本政府は、NAP に先立ち、2018 年 3 月に「人間中心の AI 社会原則」[(6)] を策定した。ここでは、社会が AI を受け入れ適正に利用するために留意すべき基本原則として以下の七つを挙げる。

　①人間中心の原則
　②教育・リテラシーの原則
　③プライバシー確保の原則
　④セキュリティ確保の原則
　⑤公正競争確保の原則
　⑥公平性、説明責任、および透明性（Free Accountability and Transparency: FAT）
　　の原則
　⑦イノベーションの原則

特に、⑥公平性、説明責任、および透明性（FAT）の原則は、AIの設計思想のもとにおいて、人々がその人種、性別、国籍、年齢、政治的信条、宗教等の多様なバックグラウンドを理由に不当な差別をされることなく、すべての人々が公平に扱われなければならないことなどを示しており、AIの設計段階から差別を適切に予防することを求めている。

　また、2019年に日本がホスト国となったG20では「AI原則」[7]が採択され、初めて「人間中心のAI」という価値観について各国が合意した。ここでも、「AIシステムのライフサイクルを通じ、法の支配、人権および民主主義的な価値観を尊重すべきである」ことが示され、その価値観として、無差別と平等、多様性、公平性、社会正義などが言及されている。

　総務省も、AIサービスプロバイダ、最終利用者およびデータ提供者が留意すべき原則である「AI利活用原則案」に基づき、「AI利活用原則」を整理し、各原則について解説を取りまとめた「AI利活用ガイドライン」を2019年8月に発表した[8]。同ガイドラインは、AIの利用者、特にAIサービスプロバイダやビジネス利用者が、「人間中心のAI社会原則」を踏まえたAI開発利用原則を定めるときに、本ガイドラインを参照すること、それによってAIの利活用が適切になされることを目指す。ここでは、全部で10のAI利活用原則が定められた。

①適正利用の原則
②適正学習の原則
③連携の原則
④安全の原則
⑤セキュリティの原則
⑥プライバシーの原則
⑦尊厳・自律の原則
⑧公平性の原則
⑨透明性の原則

⑩アカウンタビリティの原則

　⑦尊厳・自律の原則では、AIを利用したプロファイリング（個人の属性デー
タや行動履歴データから、その個人固有の嗜好を推定すること）の及ぼす不利益等へ
の慎重な配慮が求められた。また、⑧公平性の原則でも、AIの学習等に用い
られるデータの代表性や、データに内在する社会的なバイアス等に留意する
ことへの期待、アルゴリズムによるバイアスへの留意、公平性を確保するた
めに人間の判断を介在することへの期待が示されている。このようなガイド
ラインの存在自体は歓迎すべきであるものの、その実効性をどのように担保
するのかが今後の課題である。

　そのほか経済協力開発機構（OECD）でも、2019年5月にAIに関する初め
ての国際的な政策ガイドラインである、「AIに関するOECD原則」を採択し、
AIシステムが健全、安全、公正かつ信頼に足るように構築されることを目指
す国際標準を支持することに合意した[9]。本原則は、「AIは、包摂的成長と
持続可能な発展、暮らし良さを促進することで、人々と地球環境に利益をも
たらすものでなければならない」として、そのうえで、「AIシステムは、法
の支配、人権、民主主義の価値、多様性を尊重するように設計され、また公
平公正な社会を確保するために適切な対策が取れる —— 例えば必要に応じて
人的介入ができる —— ようにすべきである」と定める。ここでも、設計時の
人権、多様性の尊重が強調されている。各国の基準を議論・発展させるうえ
で、このようなグローバルでの合意形成は今後もますます重要となる。各国
がそれぞれの経験や課題を継続的に共有し、相互に学び合う場が形成される
ことが望ましい。

　このように、国家、多国間レベルで、特にAIがどのように設計、開発、利
用されるかに関するルール作りが必要であるとの共通認識が醸成されてきた。
AIに限らず様々なテクノロジー技術が発達するなかで、AIに関する方針や施
策が集中するのは、これまでの考え方や取り組みでは十分に対応できないこ
との現れとも言える。

❸国際機関、市民社会からの懸念

　以上の施策は、現状の不備を指摘する外部の声によってさらに発展してきた。2020年1月15日には、市民社会団体によって、AIを含む新たなデジタル技術がもたらす人種差別的な影響を緩和するため構造的な介入の必要性を訴える共同声明が発表された[(10)]。この声明では、人種差別は世界中で蔓延している問題であり、それがテクノロジーの文脈にも該当すること、さらに、ビッグデータに基づくアルゴリズム技術がこれまでにない規模で展開されているなかで、差別的なシステムが再生産されていることに強い危機感を示し、以下の5点を指摘した。

　①深刻な人種差別に関する影響を与えるテクノロジーはすぐさま禁じられるべきこと。
　②テクノロジーセクターのあらゆるレベルにおいて、人種、国籍、その他の複合的なアイデンティティとともに、ジェンダーが主流化され、当事者の声が聞かれること。
　③専門家と実際に影響を受ける人々によるインプットなくして、テクノロジーは政治的、社会的、経済的問題を解決することはできないこと。
　④テクノロジーへのアクセスは、テクノロジーのデザインにおける不平等と同様に人種差別の喫緊の課題であること。
　⑤代表性が確保され、分類化されたデータは新たなデジタルテクノロジーにおける人種的な衡平のために必要な条件であるが、それだけではなく、これらは衡平な方法で集められ、取り扱われなければならないこと。
　⑥国家と企業は、人種差別に対して、賠償も含む救済を提供すべきであること。

　国連人権高等弁務官事務所も、「人種差別とデジタルテクノロジーに関する人権の観点からの分析」[(11)]において、指導原則が定める企業の人権尊重責任を果たすための人権DDの重要性を強調する。そして、とりわけ人権DD

は、「新製品のコンセプト立案、設計、テストの段階だけでなく、それらを支える基礎的なデータセットやアルゴリズムにも適用されるべき」と指摘する。

また、プラットフォームを提供するソーシャルメディアでは、必ずしも客観的な事実に基づかない言説が流布され、それによって人種や性別に対する差別が助長されることもある。ヘイトスピーチに関連して、表現の自由に関する国連特別報告者デビッド・ケイ氏は、「国や企業は、『ヘイトスピーチ』が次の『フェイクニュース』になるのを防げずにいる」と述べ、「オンライン上のヘイトは、オンラインだからといって害が少ないわけではない。それどころか、オンライン上のヘイトは、その拡散の速さと範囲の広さによって、オフラインでの重大な被害を誘発し、ほとんどの場合、他人を黙らせることを目的とする。そのような虐待に取り組むか否かが問題なのではなく、誰もが享受する権利を尊重したうえで、どのように取り組むかが問題である」とする[12]。特に企業に対して、「企業も同様に、人権を尊重する責任を真剣に受け止めていない」として、「ヘイトに満ちたコンテンツが拡散するのは企業のプラットフォームであり、注目度やバイラリティ（人気が拡散すること）を重視するビジネスモデルやアルゴリズムツールによって加速されている。企業は、人権に多大な影響を与えているにもかかわらず、国連ビジネスと人権に関する指導原則で求められているような、人権法に根ざした方針を明確にしていない」と批判する。

❹顕在化している人権リスク

冒頭に挙げたように、amazonは、2018年、AIを活用した人材採用システムが現存する女性に対する差別を改善することができず、その結果運用を取りやめることを決定した。amazonは、2014年から履歴書を審査し、優秀な人材を発掘する仕組みの開発を行い、AIによる採用システムによって5点満点でのランクづけを検討していた。しかし、特にソフトウェア開発といった技術関係の職種において、性別が影響することが明らかになった。つまり、10年間で提出された履歴書のパターンが教師データ（あらかじめ与えられる例題と

解答のデータ）として利用され、そのほとんどが男性からの応募だったことから、システムは、男性を採用することが適していると認識してしまった。さらに、大学名を含む、女性に関する単語の履歴書への記載も、教師データが影響し評価が下がる傾向も出てきた。amazonとしては、このような特定の項目についてプログラムを修正したが、他の差別が助長されないかどうかを保証できないことから、開発自体を中止した[13]。

　昨今、AIや人工知能の活用は大きな注目を集めている。しかし、上記のamazonの例に見られるように、AIというテクノロジーは、意識的に取り組まなければ、すでに存在している差別をそのまま是認するだけではなく、助長してしまう恐れを含んでいる。つまり、仮にこのamazonの仕組みが導入された場合、技術職においては、男性応募者が選定される確率が高く、これまで女性が技術職にアクセスできなかった差別的な状況が継続する可能性が大いにあった。もちろん、すべてのプロセスをAIが担うのではなく、人による判断が挟まるとしても、技術の活用が「差別を受けない」という重要な人権に対する負の影響を与えることは否定できない。

　2019年8月26日には、日本でも、個人情報保護委員会が、AIを使って学生の内定辞退率を算出し、約8,000人分の就活生の個人データを本人の同意を得ずに外部に提供していたことを理由にリクルートキャリアに対して是正勧告を出した。また、厚労省の東京労働局はこの行為が「特別の理由のない個人情報の外部提供にあたる」として、職業安定法違反として行政指導を行った。しかし、リクルートキャリアがこのようなデータを提供した背景としては、企業からの需要がある。内定辞退率がどのように使用されていたかについては知るよしもないが、いずれにしても本人の同意なく、求職活動において何らかの影響を与えるであろう情報を活用しようとしたこと自体が、その影響を十分に検討しなかったからにほかならない。この件を受けて再発防止に努める際には、人権の観点から必要な体制とプロセスを議論する必要がある。

　そのほか、携帯電話の解除機能や空港の入管審査など日常でも広く使われつつある顔認証機能にも、人権侵害のリスクは含まれている。例えば、アメ

リカのボストンやサンフランシスコといった都市では、警察や地方公共団体による顔認証機能の使用が禁止されている。顔認証は、指紋、手形、虹彩（黒目の部分）、声など、人間の身体を数値化して識別する技術である生体認証のなかでも精度が高いことから、ますますその活用には慎重になる必要がある。

　ハーバード大学の研究[14]によれば、顔認識アルゴリズムは、90％以上という高い分類精度が認められるものの、多くの研究によって、人口統計学的グループによってエラー率が異なることが明らかになっている。そして、最も精度が低いのは、女性、黒人、18〜30歳までの被験者である。つまり、これらのグループについては、精度が高いとされる顔認証によっても、本人との同一性が誤って認識される可能性が高い。さらに、この顔認証機能を使用した行政行為が恣意的に執行されることで、黒人や居住許可のない移民、あるいはムスリムといった周縁化した属性に対する差別的な扱いを助長するという主張もある。このような顔認証の利用は、表現の自由、集会の自由や適正手続きといった基本的な人権に対する差別となる。

　2020年6月には、IBM、Microsoft、amazonが、いずれも顔認証システムの開発・販売からの撤退、あるいは警察への販売の停止を発表している。IBMのアーヴィン・クリシュナCEOは、連邦議員に宛てて、次のように述べている[15]。

　「IBMは今後、多目的の顔認証や分析ソフトを提供しません。IBMは、他のベンダーが提供する顔認識技術を含むいかなる技術も、集団監視、人種差別、基本的人権や自由の侵害、あるいは当社の価値観や『信頼と透明性の原則』に合致しない目的のために使用することに断固として反対し、容認しません（中略）。人工知能（AI）は、警察が市民の安全を守るのに役立つ強力なツールですが、AIの業者とユーザーはAIに偏りがないかを検査する責任を共有しています。特に、警察によって使用される場合がそうで、そのような偏りの検査は外部監査を受け、公開されるべきです」[16]。

　実際に、同年1月には、顔認証AIによって、アフリカ系男性が誤認逮捕された事案がミシガン州で発生している。これらの事象は、人種差別を禁止するアメリカにおいても、すでにその差別があまりにも深く社会に根ざしてお

り、それを完全に取り除くことがいかに困難であるかを如実に表している。

　さらに、オンライン上のヘイトスピーチに対しても、2020年6月、コカ・コーラ社はソーシャルメディアへの広告掲載を少なくとも30日間停止すると発表した。この動きは、アメリカで2020年5月に死亡した黒人のジョージ・フロイド氏の事件を受けて、「Stop Hate for Profit」という市民社会によるキャンペーンを受けたものである。このキャンペーンには90社ほどが賛同して広告を引き揚げ、Facebookの株価は8.3%下落し、市場価値は560億ドルほど下がった[17]。このキャンペーンを実施している団体は、Facebookは、「個人の特性を標的としたヘイトや偽情報に関する対策について、第三者の独立監査の受け入れ、白人至上主義といった誤情報に特化している公開・非公開のグループの特定と同グループの削除をすべきである」と求めた。

　一方で日本では、2021年9月に、JR東日本が顔認識カメラによって刑務所からの出所者と仮出所者の一部を駅構内などで検知する仕組みを導入したものの、専門家からプライバシーの問題を指摘され、対象から外したことが報じられた。テクノロジーの利活用について、明確な基準を設定することが早急に必要であろう[18]。

4………企業の対応と求められる対策

■企業の反応

　これまで述べてきたように、テクノロジーが一定の人権リスクを生じさせることは、すでに様々な場面で明らかとなっている。SDGsが示すように、企業も社会の一員として様々な人権・社会・環境課題の改善に積極的に貢献することを期待されている。もはや売上だけでは評価されえず、大企業であればなお一層、社会に対して責任ある行動を取ることが当然となっている。

　これまではこうした人権に関する取り組みについては、事業とは別の慈善活動に近いものととらえていた日本企業が多かったのではないか。しかし、「してもしなくても良い」「余裕があればする」といったチャリティの要素は

消え、企業が人権への影響を考慮することなしに事業を展開することはできない環境・制度が整いつつある。それは先に述べた、ビジネスと人権に関する法制化の動きも含まれるが、もう一つの重要な要素として、投資家の関心の高まりが挙げられる。

責任ある投資原則（PRI）が国連から発表され、環境・社会・ガバナンスという三つの要素から投資先を判断するESG投資は急速な広がりを見せ、2020年時点で、約35.3兆ドル（約3,900兆円）もの資金がこのESGによって運用される[19]。責任ある投資を掲げる機関投資家らは、企業に対し、人権に関する取り組みを進めるようエンゲージメント（対話）を行い、このような投資家からのプレッシャーが、企業の取り組みのモチベーションとなっている。

例えば、Facebookは、2020年4月の株主総会で、人権および／または自由権に関する専門家を少なくとも1名を取締役選挙で指名すること、そして取締役会レベルでの自由権・人権リスクの監督に関する報告書の作成の監督を提案された。その後、2021年3月16日に人権方針[20]を発表し、指導原則に沿って各種の国際人権条約を尊重することを表明した。非差別という普遍的な義務は、現実の生きた平等（for real, lived, equality）のために必要条件であり、十分条件ではないと認識していることを強調している[21]。

また、NECグループは、2019年4月にAIの利活用によって生じ得る人権課題を予防・解決するために「NECグループ　AIと人権に関するポリシー」[22]を制定した。このなかで、①公平性、②プライバシー、③透明性、④説明する責任、⑤適正利用、⑥AIの発展と人材育成、⑦マルチステークホルダーとの対話、が定められている。ソニーも、2018年9月に「ソニーグループAI倫理ガイドライン」を策定し、①豊かな生活とより良い社会の実現、②ステークホルダーとの対話、③安心して使える商品・サービスの提供、④プライバシーの保護、⑤公平性の尊重、⑥透明性の追求、⑦AIの発展と人材の育成、をその指針とした[23]。いずれも今後、本方針を具体的に実施するに際して、それぞれの要素をいかに日頃の業務に反映していくか、また、幅広いステークホルダーとの対話をいかに促進できるかが課題となろう。

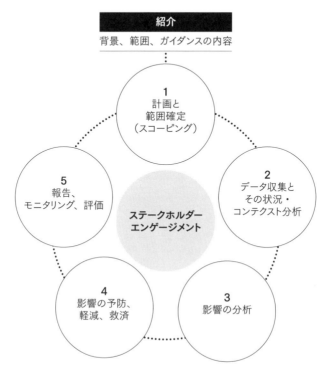

（出典）デンマーク人権機関「Guidance on Human Rights Impact Assessment of Digital Activities」
Introduction p. 13（筆者訳）。

❷企業に求められる対策

　企業は、指導原則にしたがって、人権DDのプロセスにおいて自分たちが
作るテクノロジーが差別を作り出す、あるいは加担、助長しないかを確認す
るための人権インパクトアセスメントを実施することが必要となる。

　ここまで見てきたように、技術・製品・サービスの設計段階から、それが
誰のどのような人権に対してどのような影響を与えるのかどうかを特定する
ことが企業の人権尊重責任として求められる。そのプロセス自体は、どのよ

うな業種であっても共通するものの、特にテクノロジーに関連して注意すべき点もある。ビジネスと人権に関する諸外国の法令をもってしても、企業が具体的にどのような点を注意したらよいかが必ずしも明らかではない。ただし、重要なテーマであることから、市民社会団体などが指針となるものを出しており、参考になる。

　例えばデンマークでは、司法機関とは別に、国内の人権問題の調査や政策提言を実施する国内人権機関であるデンマーク人権機関が「デジタル活動の人権インパクトアセスメントに関するガイダンス（Guidance on Human Rights Impact Assessment of Digital Activities）」[24]を2020年に発表した。デンマーク人権機関は特にビジネスと人権について専門的に取り組み、これまでも様々なガイドラインを出してきた。今回のガイダンスは、同機関がすでに公表している事業による人権への影響評価である人権インパクトアセスメントに関するガイダンスに加えて、特にデジタル活動の分野に特化し、デジタルプラットフォーム、検索システム、ソーシャルメディアプラットフォーム、AI、顔認証システム、IoTサービスといった、幅広いデジタル製品やサービスについて、その開発者や企業に対して向けられたものである[25]。

　ここでは、①計画と範囲確定（スコーピング）、②データ収集とその状況・コンテクストの分析、③影響の分析、④影響の予防、軽減、救済、⑤報告、モニタリング、評価、というサイクルが提示され、そのすべての過程においてステークホルダーエンゲージメントの重要性が強調されている。

　企業は、このようなガイドラインを参照して、指導原則に基づき、バリューチェーン全体のステークホルダーとそこで問題となり得る人権を特定したうえで、その人権リスクの予防、軽減を検討し、人権侵害が生じた場合には救済を提供することが必要となる。顕在化した例を見ても明らかであるように、ステークホルダーへの影響を考える際には、ジェンダーや人種といった社会的な属性ごとに受ける影響が異なる点には、特に留意すべきである。企業だけでは明らかとならないことも多いからこそ、ステークホルダーエンゲージメントを通じて、例えば当事者団体やアドボカシーを行っているNGOなど、

206

外部からの声に真摯に耳を傾けることが重要である。そして、深刻な人権リスクをなくすことができない場合には、製品、サービスの開発自体を取りやめるという判断も十分にあり得る。

❸国の役割

　ここまで、主にテクノロジーと差別に関して、人権を尊重する主体である企業の役割を見てきた。しかし、国が果たすべき役割についても最後に強調しておきたい。

　指導原則でも、人権を保護する一義的な責任は従来どおり国家にある。国家はその義務を果たすために、企業が自分の領域内、あるいは自国企業が他国の領域で事業活動をする際に人権を侵害しないように適切な政策を実施する義務を負うのであり、NAPを定めたこともその一環である。

　上述の国連の報告書も「国家は、新興のデジタル技術に関与する企業のための人権倫理フレームワークが、平等と無差別を含む拘束力のある国際人権法の義務とリンクし、情報を提供することを保証しなければなりません」と述べる。つまり、国家は、テクノロジーに関し企業に対する人権と倫理のフレームワークを策定すること、かつ、そのフレームワークが国際人権法に則っていることのいずれも自らの義務として実施すべきなのである。

5⋯⋯⋯おわりに

　2021年9月にはデジタル庁が新設され、スマートシティやDX（デジタルトランスフォーメーション）が熱心に推進され、あたかもテクノロジーがすべての社会課題を解決するかのような風潮も見られる。しかし、テクノロジーはあくまで手段であり、その使い方いかんによって、かえって負の影響が大きくなることを私たちは常に意識する必要がある。そのためにも、ビジネスと人権が提示する、関連するステークホルダーの人権を軸に据えた、企業による主体的な取り組み、そしてそれを支える国による政策の導入が必要不可欠である。

(1) OHCHR "National action plans on business and human rights"（https://
www.ohchr.org/en/issues/business/pages/nationalactionplans.aspx〔最終閲
覧日2021年11月3日〕).

(2) 外務省「ビジネスと人権に関するベースラインスタディ」（https://
www.mofa.go.jp/mofaj/fp/hr_ha/page22_003272.html〔最終閲覧日2021
年11月3日〕）。

(3) 外務省「ビジネスと人権に関するベースラインスタディ報告書　ビジ
ネスと人権に関する国別行動計画策定に向けて」2018年12月
（https://www.mofa.go.jp/mofaj/files/000433657.pdf）

(4) 外務省「ビジネスと人権に関する行動計画に係る作業部会・諮問委員
会」（https://www.mofa.go.jp/mofaj/fp/hr_ha/page22_003273.html〔最終
閲覧日2021年11月3日〕）。

(5) ビジネスと人権に関する行動計画に係る関係府省庁連絡会議「『ビジ
ネスと人権』に関する行動計画（2020–2025）」2020年10月（https://
www.mofa.go.jp/mofaj/files/100104121.pdf）。

(6) 内閣府総合イノベーション戦略推進会議決定「人間中心のAI社会原
則」2019年3月39日（https://www.cas.go.jp/jp/seisaku/jinkouchinou/
pdf/aigensoku.pdf）。

(7) G20「AI原則　付属書」2019年6月（https://www.mofa.go.jp/mofaj/gaiko/
g20/osaka19/pdf/documents/jp/annex_08.pdf）。

(8) AIネットワーク社会推進会議「AI利活用ガイドライン〜 AI利活用の
ためのプラクティカルリファレンス〜」2019年8月9日（https://www.
soumu.go.jp/main_content/000637097.pdf）。

(9) OECD「42カ国がOECDの人工知能に関する新原則を採択」2019年
5月22日（https://www.oecd.org/tokyo/newsroom/forty-two-countries-adopt-
new-oecd-principles-on-artificial-intelligence-japanese-version.htm）。

(10) Vanessa Rhinesmith, UCLA Centre for Critical Internet Inquiry, "Joint Civil
Society Statement – Interventions to Mitigate the Racially Discriminatory Impacts
of Emerging Tech", July 15 2020（https://www.c2i2.ucla.edu/2020/07/15/
joint-civil-society-statement-interventions-to-mitigate-the-racially-
discriminatory-impacts-of-emerging-tech-including-ai/）.

(11) Human Rights Council "Racial discrimination and emerging digital
technologies: a human rights analysis" A/HRC/44/57, 18 June 2020
（https://www.ohchr.org/EN/HRBodies/HRC/RegularSessions/Session44/
Documents/A_HRC_44_57_AdvanceEditedVersion.docx).

(12) OHCHR "Governments and Internet companies fail to meet challenges of
online hate – UN expert", 21 October 2019 (https://www.ohchr.org/EN/

NewsEvents/Pages/DisplayNews.aspx?NewsID=25174).

(13) ロイター「焦点：アマゾンがAI採用打ち切り、「女性差別」の結果露呈で」2018年10月11日（https://jp.reuters.com/article/amazon-jobs-ai-analysis-idJPKCN1ML0DN）。

(14) Alex Najibi, Harvard University "Racial Discrimination in Face Recognition technology" 24 October 2020 (https://sitn.hms.harvard.edu/flash/2020/racial-discrimination-in-face-recognition-technology/).

(15) 小笠原みどり、The Asahi Shimbun Globe＋「大手IT企業が顔認証システム販売から手を引く理由　人種差別との深い関係」2020年7月31日（https://globe.asahi.com/article/13578960）。

(16) Lauren Hirsch, CNBC "IBM gets out of facial recognition business, calls on Congress to advance policies tackling racial injustice" 8 Jun 2020 (https://www.cnbc.com/2020/06/08/ibm-gets-out-of-facial-recognition-business-calls-on-congress-to-advance-policies-tackling-racial-injustice.html?__source=sharebar).

(17) BBC News Japan「米コカ・コーラ社、SNSでの広告を30日間停止　SNS上の人種差別を問題視」2020年6月28日（https://www.bbc.com/japanese/53208861）。

(18) 読売新聞「【独自】駅の防犯対策、顔認識カメラで登録者を検知…出所者の一部も対象に」2021年9月21日（https://www.yomiuri.co.jp/national/20210920-OYT1T50265/）。

(19) 日本経済新聞「世界のESG投資額25兆ドル　2年で15%増　欧州で減少、基準厳格化」2021年7月19日（https://www.nikkei.com/article/DGXZQOUB163QV0W1A710C2000000/）。

(20) Facebook "Corporate Human Rights Policy" (https://about.fb.com/wp-content/uploads/2021/03/Facebooks-Corporate-Human-Rights-Policy.pdf（〔最終閲覧日2021年11月3日〕)。

(21) James McRitchie, Corporate Governance "Facebook 2020 Shareholders Request Equal Votes", 22 May 2020 (https://www.corpgov.net/2020/05/facebook-2020-shareholders-request-equal-votes/).

(22) NEC「NECグループ　AIと人権に関するポリシー」2019年4月（https://jpn.nec.com/press/201904/images/0201-01-01.pdf）。

(23) ソニー「ソニーグループのAIへの取り組み」2021年4月1日改訂（https://www.sony.com/ja/SonyInfo/csr_report/humanrights/AI_Engagement_within_Sony_Group_Ja.pdf）。

(24) The Danish Institute for Human Rights "Human rights impact assessment of digital activities" 23 November 2020 (https://www.humanrights.dk/

publications/human-rights-impact-assessment-digital-activities).

(25) なお、人権インパクトアセスメントは、指導原則に沿った人権デュー
　　　ディリジェンスの一部であり、原則として見るべき観点は重なるが、
　　　後者が継続的に実施するのに対し、前者は範囲を確定させたより集中
　　　した評価である点に違いがあるとも説明される。

第12章

テクノロジーは
人種差別にどう向き合うべきか？
──国連「人種差別と新興デジタル技術」報告書の分析を中心に

宮下萌………弁護士

1………はじめに

　2020年6月、現代的形態の人種主義、人種差別、外国人嫌悪および関連する不寛容に関する国連特別報告者のテンダイ・アチウメは、「人種差別と新興デジタル技術：人権面の分析」と題する報告書（以下、「本報告書」と言う）を国連人権理事会に提出した[(1)]。本報告書では、インターネット上のヘイトスピーチやAIプロファイリング、デジタルディバイドの問題など、構造的および制度的側面を含めた「テクノロジーの設計・利用における人種差別」の問題点や改善のための勧告等が示されている。本報告書は「人種差別とテクノロジー」の問題を考える際の重要な視点が示唆されているため、本章では、本報告書を紹介するとともに若干の検討を加え、「人種差別とテクノロジー」に関する今後の課題と解決策を検討したい。

2………新興デジタル技術における差別と不平等の発生原因

■1本報告書の紹介

　本報告書は、イントロダクションを除けば、「新興デジタル技術における差

別と不平等の発生原因」「新興デジタル技術の設計・利用における人種差別の事例」「新興デジタル技術の設計・利用における人種差別への構造的・分野横断的人権法アプローチ：分析と勧告」の3部で構成されている。本節では、「新興デジタル技術における差別と不平等の発生原因」（パラグラフ11ないし23）としてどのようなものが示されているかにつき主なものについて紹介する（以下、太字は筆者。カッコ内はパラグラフの番号である）。

- **技術が中立であることは決してない**——技術は、その設計・利用に影響を及ぼす人々の価値観と利益を反映しており、根本的に、社会で機能しているものと同一の不平等の構造によって形作られているのである（パラ12）。
- 新興デジタル技術を作り出す分野および産業の内部には、**数字の中立性または客観性および人種主義を克服する数字の力に対する見当違いの信頼**が存在しており、これが差別的結果の発生を助長していることがわかっている（パラ13）。
- このような施策および行動はより**包括的**なものでなければならない。政府と民間セクターは、新興デジタル技術の人種差別的な設計・利用を緩和するための調査研究、議論および意思決定のあらゆる段階で人種差別の政治的・経済的・社会的側面に関する専門家を包摂するアプローチを堅持しなければならない。関連のプロセスにおいては、**当事者である人種的・民族的マイノリティのコミュニティ**が意思決定の役割を果たさなければならない（パラ14）。
- **シリコンバレーに特有の文化的・経済的・政治的価値観**が、この北米の小さな地域からはるかに遠くに隔てられた状況下も含め、世界的に運用**される新興デジタル技術の数を根本的に決定している**のである（パラ15）。
- シリコンバレーにあるような新興デジタル技術セクターの特徴は、ジェンダーおよび人種の観点から見た**「多様性の危機」**であり、特に最高意思決定レベルでその傾向が強い（パラ17）。

- 複雑な社会的現実および既存のシステムのなかでうまく機能する技術を作り出すためには社会的・法的・倫理的文脈を理解することが必要であり、このような理解は、**多様で代表性の高い視点と専門的知見を取り込むことによって初めて可能になる**（パラ17）。
- **COVID-19パンデミックへの各国の対応において技術が有用**であったとしても、**その恩恵が平等に行き渡っているわけではない**。後発開発途上国は、COVID-19の人的・経済的影響に対して最も脆弱であるのみならず、**デジタル面で、公衆衛生上の情報にオンラインでアクセスする態勢も、学校教育、就労および買い物のためのデジタル・プラットフォームを活用する態勢も、最も整っていない**（パラ20）。
- **デジタル・ディバイド**は各国の内部にも存在する（パラ22）。
- **先住民族**も新興デジタル技術の恩恵から差別的に排除されている（パラ23）。

❷若干の検討

　本報告書では、上記のようにテクノロジーにおける差別と不平等の発生原因について挙げられているが、ここではいくつか興味深い点について述べる。

　まず、技術の「中立性」を否定し、数字の「中立性」や「客観性」が差別的結果の発生を助長していることについて指摘していることである（パラ12、13）。確かに、一見すると「数字」や「データ」、「統計」というものは「客観的」であり、これらに基づいて判断がなされた場合、反論がしにくいようにも思われる。しかしながら、収集されたデータがある属性に関しては少なかったり（データの過小代表性）、バイアスのかかったものになっていたりした場合、その「数字」から導き出される結論が適切なものとはならないことがある。「統計的差別」[(2)]に代表されるように、統計的には一見中立に思える結果が、ある属性について不利にまたは不平等に扱われることがあることに留意すべきである。

　また、テクノロジーの設計・利用における人種差別と闘うための施策およ

び行動は包括的なものでなければならず、関連するプロセスには当事者である人種的・民族的マイノリティコミュニティの意思決定の重要性についても指摘されている（パラ14）。本報告書でも、「新興デジタル技術は世界全体に広がっているにもかかわらず、これらの技術に最大の影響力を振るっている企業は圧倒的に米国のシリコンバレーに集中して」おり（パラ15）、「多様性の危機」（パラ17）が指摘されている。このような「多様性の危機」に対応するためには、例えば、大手のプラットフォーム企業等、テクノロジーに関する民間企業が重要な役職の人事決定においてにクオータ制を含むアファーマティブアクションないしポジティブアクション等の積極的格差是正措置を導入することが有用であろう[3]。また、ほかにもマイノリティコミュニティの意思決定を反映させるために、当事者団体と意見交換をする場を設けること等も考えられる。

　さらに、デジタルディバイド（パラ22）の問題について言及している点も興味深い。デジタルディバイドとは、コンピューターやインターネットなどの情報技術の利用に関して生じる格差のことである。コロナ・パンデミックへの各国の対応において技術が有用であったとしても、その恩恵が平等に行き渡っているわけではなく、後発開発途上国は、デジタル面においても、コロナ・パンデミックの影響を最も受けたと指摘されている（パラ20）。公衆衛生上の情報にオンラインでアクセスする態勢も、学校教育、就労および買い物のためのデジタル・プラットフォームを活用する態勢も、最も整っていない（パラ20）[4]。本稿を書いている2021年9月現在でも、コロナ・パンデミックの先行きは見えない。デジタルディバイドをいかにして解消し、格差を是正するという点についても対応が求められる。

　また、「デジタルディバイド」はヘイトスピーチとの文脈でも問題となる。2017年に法務省が発表した外国人住民調査報告書によれば、インターネットを普段利用している人のうち、「日本に住む外国人を排除するなどの差別的な記事、書き込みを見た」人が41.6%（「よくある」と「たまにある」の合計）で、「上記のような記事、書き込みが目に入るのが嫌で、そのようなインター

ネットサイトの利用を控えた」が19.8％であった[5]。しかし、この同じデータを国籍別に分析した人種差別実態調査研究会が行った調査（2018年）によれば、韓国・朝鮮籍だと差別的な記事、書き込みが目に入るのが嫌で、そのようなインターネットサイトの利用を控えた」が39.2％、「差別を受けるかもしれないのでプロフィールで国籍、民族は明らかにしなかった」が30.6％、「普段インターネットを利用しない」が40.9％という結果になった[6]。これはいわゆるヘイトスピーチの「沈黙効果」の可視化である。パンデミックにおいて、インターネットはますます重要なインフラになっているなか、特定のマイノリティコミュニティのデジタルディバイドをどのように解消すべきかという点も重要であろう。

3……新興デジタル技術の設計・利用における 人種差別の事例

　本報告書では、「新興デジタル技術の設計・利用における人種差別の事例」について「露骨な不寛容および偏見を動機とする行動」（パラグラフ24、25）、「新興デジタル技術の直接差別的・間接差別的設計／利用」（パラグラフ26ないし37）、「人種差別的構造」（パラグラフ38ないし43）が示されている。以下、主なものについて紹介する（以下、太字は筆者。カッコ内はパラグラフの番号である）。

❶本報告書の紹介
①露骨な不寛容および偏見を動機とする行動
- 人種差別的発言や差別・暴力の扇動を拡散しようとする者は新興デジタル技術に依拠しており、なかでも**ソーシャルメディア・プラットフォームが中心的役割を果たしてきた**（パラ24）。
- 特別報告者は、人材募集、資金調達および活動調整のためにソーシャルメディア・プラットフォームに依拠している**ネオナチその他の白人至上主義者グループ**に関するこれまでの報告書で、このような傾向を取り上

げたところである（パラ24）。

- 露骨に偏見を動機として新興デジタル技術が活用されているもう一つの顕著な事例として、**ミャンマーの過激な民族主義的仏教徒グループと軍の関係者**が、特にイスラム教徒および民族的マイノリティである**ロヒンギャへの差別・暴力を激化させるために行っているFacebookの利用**が挙げられる（パラ24）

- ある意見書でも、**インドで差別的かつ不寛容なコンテンツ**（宗教的・言語的マイノリティ集団への暴力を扇動するコンテンツを含む）を増幅させるために**Facebookが利用された**事例が取り上げられている（パラ24）。

- ソーシャルメディアでは、政治的言説の流れを変え、世論を見誤らせるために**ボット**（自動投稿アカウント）が利用されてきた（パラ25）。

- 人種的・民族的・宗教的な不和および不寛容を助長する戦略として新興デジタル技術に依拠する集団にとっては、**ボットがあってこそ、人種差別的な発言またはディスインフォメーション**（意図的な偽情報）**をオンラインで拡散することが可能**になる（パラ25）。

②新興デジタル技術の直接差別的・間接差別的設計／利用

- 新興デジタル技術の設計・利用は、様々な人権へのアクセスに関して、人種的または民族的要因による**直接的・間接的差別**をもたらす可能性がある（パラ26）。

- **労働権**に関して、ある意見書は、パラグアイが実施しているデジタル雇用システムでは雇用主側が様々なカテゴリーで**採用候補者のソートおよびフィルタリング**を行えるようになっており、そのカテゴリーのなかには**人種の代替**として機能するものもあると報告している（パラ27）。

- 北米やヨーロッパで**採用合格者を選抜**するために用いられているアルゴリズムも、差別的な推薦を行うとして批判されてきた（パラ28）。

- その他、差別的なインプットまたはプロセスに直接依拠するわけではない自動化システムの導入も、そのために**働き口が減少しまたは消滅する**

216

ことによって、周縁化された集団への**間接差別**が生じる可能性がある（パラ29）。

● 新興デジタル技術は**健康に対する権利**にも差別的影響を及ぼしている。米国市場で用いられている上位10位の保健アルゴリズムは、**将来のコスト予測のため患者の過去の医療費データを利用**しており、これが保健ニーズの代替指標として用いられている（パラ30）。

● 人種がインプット対象とされていないことから**「人種を考慮しない」**（race-blind）ものだと開発者が考えていたこのアルゴリズムは、病気の程度が白人の患者と同等であった黒人の患者に対し、**一貫してより低いリスクスコアを付与していた**（パラ30）。

● **居住**との関連では、米国で行われた研究により、**Facebookのターゲティング広告における民族差別**が明らかにされてきている（パラ32）。

● 2019年には、バングラデシュ、コンゴ民主共和国、エジプト、インド、インドネシア、イラン・イスラム共和国、ミャンマー、スーダン、ジンバブエを含む複数の国が、**特定宗教の信者によるインターネットへのアクセスを完全に制限**し、これらの地域の内外で**ほぼすべての通信が妨げられる**効果をもたらした（パラ33）。

● **公正な裁判に対する権利**との関連では、ラテンアメリカの複数の国の裁判所で、司法手続きの合理化のためにPrometea（プロメテア：音声認識および機械学習予測を用いるソフトウェア）の利用が始まっている（パラ34）。

● **刑事司法**との関連では、世界各地の警察署で**予測警察活動**（predictive policing）のために新興デジタル技術が利用されており、人工知能システムが、犯歴、犯罪統計、近隣地区の住民構成といった複数のデータソースから情報を引き出している（パラ35）。

● 例えば英国では「ギャング暴力マトリックス」（Gangs Violence Matrix）として知られるデータベースが利用されているが、これは差別的であることが明らかになっている（パラ36）。

● マトリックスに名前を載せられている人々は「いかなる法的根拠もない

と思われる職務質問と所持品検査を複数回」経験している（パラ36）。

- **予測警察活動**は、中立的とされるアルゴリズムによる意思決定を理由に客観性を装いつつ、警察制度内に存在するバイアスを反復し、悪化させているのである（パラ37）。

❷人種差別的構造

- 世界各地の実例から明らかになっているのは、**異なる新興デジタル技術の設計・利用が意識的・無意識的に組み合わせられることによって人種差別的構造が作り出され得る**ということである。（パラ38）。
- 中国は、**生体認証・監視技術を利用**して民族的マイノリティ集団であるウイグル人の移動および活動を追跡・制限することにより、特に平等および差別禁止に対するこの集団の構成員の権利を侵害している（パラ39）。
- ケニアとインドは**公共サービスへのアクセスのために生体認証**を実施しており、それぞれフドゥーマ・ナンバ（Huduma Namba）、アドハー（Aadhaar）と呼ばれている（パラ40）。
- これらのシステムを通じて公共サービスにアクセスしようとする際、両国の一部の人種的・民族的マイノリティ集団は、**サービスから排除**されることもあれば、**運用上の障壁や時間のかかる審査プロセスに直面して、受給資格のある公共サービスから事実上排除されかねない状況**に置かれる場合もある（パラ40）。
- さらに、障害のある人々――障害のある民族的・人種的マイノリティを含む――は、指紋または虹彩（黒目の部分）のスキャンに応じられないために差別を経験している（パラ40）。
- 公共サービスのためにデジタル認証システムを用いることは、**厳格な保護措置をとらないかぎり、人種的・民族的マイノリティ、特に市民としての地位が不安定なマイノリティを不均衡なほど排除することにつながる**（パラ40）。
- 多くの国が**福祉制度**に新興デジタル技術を組み入れる試みを進めており、

そこでは人種差別的構造を強化するような方法も用いられている（パラ41）。

- 白人のオーストラリア人よりも高い割合で福祉手当を受給している先住民族のオーストラリア人は、直面している障壁のために異議申し立てを行う余裕が最もないにもかかわらず、このシステムの欠陥による負担を最も多く負わされている（パラ41）。

- オランダでも同様の懸念が生じていることが明らかにされ、**社会福祉の支給における新興デジタル技術の利用が、同国の最貧層および最も脆弱な状況に置かれている人々への人権侵害につながっている**ことが指摘されている（パラ41）

- **デジタル福祉国家**は、緊急の介入が行われなければ、**差別的デジタル福祉国家**として固定化されてしまうおそれがある（パラ42）。

- 場合によっては、人種差別的構造はある部門（例えば刑事司法）に限定されていても、**影響を受けている人々の人権をその構造が総体的に掘り崩し、社会における構造的抑圧を強化させてしまう**こともある（パラ43）。

- このようなケースに該当する米国では、新興デジタル技術により、**刑事司法の運営**における人種差別的構造が維持・再生産されている（パラ43）。

- これらのアルゴリズムは**量刑に影響**を与えることから、法律の前の平等、公正な裁判および恣意的逮捕・拘禁からの自由に対する個人の権利の侵害につながり得る（パラ43）。

❸若干の検討

本報告書では、①「露骨な不寛容および偏見を動機とする行動」（パラグラフ24、25）、②「新興デジタル技術の直接差別的・間接差別的設計／利用」（パラグラフ26ないし37）、③「人種差別的構造」（パラグラフ38ないし43）、に分類してテクノロジーの設計・利用における人種差別の事例が報告されているため、本節でも同じ分類に基づき検討を加える。

①について、パラグラフ24および25では、「露骨な不寛容および偏見を動

機とする行動」として主にインターネット上のヘイトスピーチが念頭に置かれている。本報告書では、一例としてミャンマーの過激な民族主義的仏教徒グループと軍の関係者が、ロヒンギャへの差別・暴力を激化させるために行なっているFacebookの利用等が挙げられている（パラ24）[7]が、このようなFacebookに姿勢に対して、報道よれば、2020年6月には、ユニリーバやコカ・コーラなどの大手企業が、ヘイトスピーチを放置するFacebookに抗議して広告出稿を停止したという動きも見られ、「ヘイトスピーチを放置することは許されない」といった国際的潮流が徐々に形成されつつあるように思われる[8]。

　また、ボットに関する言及がなされている点も興味深い。ボットがフェイクニュースやヘイトスピーチを流布するために用いられてきたという指摘もなされている（パラ25）が、日本においても、大阪府内の同和地区の所在地情報をTwitterの「ボット」投稿により毎分ごとに投稿され続け、何度削除されても次々と投稿されているといったことが報告されており[9]、さらなる研究や分析が望まれるところである[10]。

　②について、テクノロジーの設計および利用によって起こる、様々な人権のアクセスに関して、直接的・間接的差別が示されているが、とりわけ間接差別に重点が置かれているのが興味深い。間接差別の特徴は、直接に差別的ではないように見える条件や待遇差によって、結果として差別が生じることである。雇用、医療、居住、情報へのアクセス、裁判および刑事司法等、様々な場面において直接的に差別的待遇を設けているわけではなくとも、テクノロジーの不適切な設計や利用によって、結果として特定の人種的・民族的マイノリティに不利益が生じている。

　とりわけ、刑事司法における間接差別の事例は、アルゴリズムによるレイシャルプロファイリングの事例として重要な問題であろう。2020年国連人種差別撤廃委員会は「法執行官によるレイシャルプロファイリングの防止およびこれとの闘いに関する一般的勧告36号」を採択した[11]が、そこでも、「アルゴリズムによるプロファイリング並びに人種的なバイアスおよび差別（一般的勧告36、パラ31ないし36）」が着目されている。

例えば、アルゴリズムによるプロファイリング・システムにバイアスが浸透し得るきっかけとして、（a）用いられるデータに、保護対象の属性に関わる情報が含まれている、（b）プロキシ情報がデータに含まれている、（c）用いられるデータが、いずれかの集団に対してバイアスのかかったものになっている、（d）用いられるデータが、選択方法が適切ではない、不完全である、不正確であるまたは時代遅れのものであるなどの理由で質の低いものになっている、といったデータ関連要因が挙げられており、これらの要因によって、特定の人種的・民族的マイノリティに否定的結果を助長する可能性があることが指摘されている（一般的勧告36、パラグラフ32）。アルゴリズムによるレイシャルプロファイリングの問題は今後ますます重要になっていくであろう。さらなる分析や研究が望まれるところである。

　本報告書で示された事例は、特定のマイノリティのデータが適切に反映されておらず過小代表されていることから生じる問題や、社会に存在する不平等性がそのままデータに反映されている問題、同様に既存社会にあるバイアスをそのままデータに反映させ、バイアスを再生産および強化してしまうといった問題が挙げられている。これらの問題は抽象的には原因が明らかになりつつあるものの、具体的な問題解決はアルゴリズムの開発者や設計者と協働して行わなければ解決されないと考えられる。

　③については、テクノロジーに人種的・民族的排除を組織的に作り出し、維持し得る存在としてもとらえる必要があることを指摘している。すなわち、個人が行うものではなく、社会の構造的な側面で生じる「構造的差別」に着目している。

　もっとも、このような結果をもたらし得るからといって即座に「テクノロジーの利用を避ける」という方向に進むのは適切ではない。「なぜそのような差別的な構造が生じることになるのか」という原因を探り、テクノロジーを適切に設計し、利用することにより特定のマイノリティ集団に不利益が起こらない構造に設計し直すという方向へ進むべきであろう。

　パンデミックに直面している私たちにとって、テクノロジーはこれまで以

第12章………テクノロジーは人種差別にどう向き合うべきか？

上に重要なものとなっている。だからこそ、特定の人種的・民族的マイノリティの差別を助長し、強化するものとしてではなく、誰もが社会福祉を受けられるようにするためのテクノロジー設計および利用が求められる。

4……新興デジタル技術の設計・利用における人種差別への構造的・分野横断的人権法アプローチ：分析と勧告

本報告書では最後に「新興デジタル技術の設計・利用における人種差別への構造的・分野横断的人権法アプローチ」の分析および勧告がなされている。本節は「新興デジタル技術の設計・利用において法的に禁じられる人種差別の範囲」（パラグラフ46ないし52）、「新興デジタル技術の設計・利用における人種差別を防止しかつこれと闘う義務」（パラグラフ53ないし63）、「新興デジタル技術の設計・利用における人種差別について効果的救済を提供する義務」（パラグラフ64ないし68）が示されている。以下、主なものについて紹介する（以下、太字は筆者。カッコ内はパラグラフの番号である）。

❶本報告書の紹介

- 各国は、新興デジタル技術との関連で、**国際人権法にのっとった、人種差別の禁止に関する構造的理解**を適用しなければならない（パラ48）。

- すなわち、各国は、新興デジタル技術の利用・設計における露骨な人種主義および不寛容だけではなく、**当該技術の設計・利用から生じる間接的および構造的形態の人種差別にも**、全く同様の真剣さをもって、対処しなければならない（パラ48）。

- 各国は、新興デジタル技術の管理および規制に対する**「カラーブラインド」アプローチを拒絶しなければならない**（パラ48）。

- 特別報告者は、各国に対し、データの収集および保存における細分化、自認の尊重、透明性、プライバシー、参加およびアカウンタビリティを

確保することにより、**データに対する人権基盤アプローチをとるよう促すものである**（パラ49）。

- 直接的・間接的形態の差別を特定して対処するためには、新興デジタル技術の異なる影響を明らかにすることのできる**データを（人権基準を遵守しながら）収集することが必要**とされる（パラ49）。

- 国際人権法が命ずる人種差別の撤廃のためには、**交差性の観点に立った**分析が必要である（パラ50）。

- 新興デジタル技術の設計・利用における人種差別を防止しかつ撤廃する国の義務を履行するためには、これらのセクターにおける**「多様性の危機」に対処**することが必要となる（パラ55）。

- そのための手段としては、このような技術を基盤とするシステムを公的機関が採用する際、**人種平等・差別禁止に関する人権影響評価の実施を前提とする**ことなどが挙げられる（パラ56）。

- 各国は、平等および差別禁止に関する義務を遵守するため、公共セクターによる新興デジタル技術の利用に関して**透明性とアカウンタビリティを確保**するとともに、**監査可能なシステム以外は利用しない**ことなどにより、独立した分析および監督ができるようにしなければならない（パラ57）。

- 各国は、新興デジタル技術の柔軟で、実際的かつ効果的な規制および管理のために策定される倫理上の枠組みおよび指針が、**法的拘束力を有する国際人権原則（人種差別を禁ずる原則を含む）を基盤としたものとなることを確保**しなければならない（パラ58）。

- ビジネスと人権に関する指導原則で詳しく述べられているように、**民間企業には、人権デューデリジェンス等を通じて人権を尊重する責任がある**（パラ60）。

- トロント宣言では、機械学習システムに関して企業の人権デューデリジェンスを履行するための中核的要素またはステップが三つ挙げられている。（a）**潜在的な差別的結果を特定**すること、（b）**差別の防止と緩和**

を図り、反応を追跡すること、そして（c）差別の特定、防止および緩和のための努力に関して透明性を確保することである（パラ60）。

- 最近の報告書で強調されているように、予防的人権デューデリジェンス・アプローチが、「製品開発から始まるすべてのライフサイクル段階に沿って、状況に特有の環境下でAIの死角の特定およびシステム全体に影響を及ぼすバイアスの発見を行える職種横断型チーム」に組み込まれなければならない（パラ60）。

- 各国は、新興デジタル技術に関与する企業を対象とする人権倫理枠組みが、拘束力のある国際人権法上の義務（平等および差別禁止に関するものを含む）と関連づけられ、かつこれらの義務を踏まえたものとなることを確保しなければならない（パラ61）。

- 同様に、ビジネスと人権に関する指導原則の枠組みの実施には、人種差別を禁止する —— そして人種差別に対する効果的救済を提供する —— 法的拘束力のある義務が組み込まれなければならない（パラ61）。

- 各国は、企業の人権デューデリジェンスを確保するにあたり、国際人権法上の人種差別の禁止に依拠しなければならない（パラ63）。

- 新興デジタル技術の設計・利用における人種差別に対する効果的救済措置との関係で、各国は、司法へのアクセス、行なわれ得る侵害からの保護並びに侵害の中止および再発防止の保障を含む一連の効果的救済措置を全面的に確保しつつ、不処罰とも闘わなければならない（パラ65）。

- 各国は、新興デジタル技術の設計・利用における人種差別の被害者に対し、原状回復、補償、リハビリテーション、満足および再発防止の保障を確保しなければならない（パラ67）。

❷若干の検討

　本報告書の勧告では、「カラーブラインド」アプローチを明確に拒絶し（パラ48）、データに対する人権基盤アプローチを採ることを促している（パラ49）点が注目される。また、差別の交差性（インターセクショナリティ）の観点に立っ

たデータ収集・分析についても指摘している（パラ50）。本報告書は、「テクノロジーが主に人種的・民族的マイノリティに対しどのような差別を生じることになるのか」という点から分析されているが、テクノロジーによって生じる差別は、ジェンダーやセクショナリティ、障がい等その他の属性に対するも生じる。例えば、Amazonが開発した人材採用システムにおいて、男性応募者を優遇し、女性応募者を不利に扱う傾向が見られたため、同システムが使用中止されたという事例がある[12]。同システムは、Amazonにおける過去の応募者は男性が多数を占めており、過去の応募者の履歴書をもとに応募者の履歴書を評価するAIであった。人権、民族、ジェンダー、セクショナリティ、障がい等の一つまたは複数の属性をめぐる既存バイアスが反映され、またはデータが過小代表される等といったことからも差別は生じる。そのため、本報告書が差別の交差性について触れたことは重要である。

　また、本報告書の特徴として、様々なセクター国家の人権法上の義務だけではなく、ビジネスと人権に関する指導原則[13]で述べられているように、人権を尊重する企業の責任についても切り込んでいる点が挙げられる。とりわけ、上記のトロント宣言[14]で言及された機械学習システムに関する、企業の人権デューデリジェンス履行の三つの中核的要素は注目に値する（パラ60）。テクノロジーによって生じる差別は、利用の段階だけではなく設計および開発の段階でも生じることから、人権を尊重する企業の責任はとりわけ重要である。

5……結びに代えて

　本章では本報告書を紹介するとともに筆者の若干の検討を加えたが、「人種差別とテクノロジー」に関する今後の課題と解決策について以下、筆者の考えを述べて結びに代えたい。

　「人種差とテクノロジー」で問題となる事象としては、主に①インターネット上のヘイトスピーチ（パラ24、25）、②AIプロファイリングを含むテクノロ

ジーの設計・利用における直接的および間接的差別（パラ26ないし37）、③テクノロジーによって生じる構造的差別（パラ38ないし43）、に分類される。

　各事象によって具体的な解決方法は異なる面もあるが（例えば、インターネット上のヘイトスピーチであれば法制度やプロバイダの運用方法が主な論点となり、AIプロファイリングであれば開発や設計において、いかにデータを適切に収集・分析するかが主な論点となろう）、「カラーブラインド」アプローチの拒絶や「多様性の危機」への対応等といった普遍的なアプローチとしては共通する側面があり、これは「人種差別とテクノロジー」というテーマに限らない。国際人権基準に則った法制度や「ビジネスと人権に関する指導原則」で求められている人権を尊重する企業の責任は本テーマにも通じるものであり、基本的なスタンスとしては同じなのである。すなわち、「新興デジタル技術との関連で、国際人権法に則った、人種差別の禁止に関する構造的理解を適用しなければなら」（パラ48）ないのである。

　そして、このような国際人権基準に則り「テクノロジーによってもたらされる差別」を防止し、根絶するためには、とりわけマイノリティ当事者や差別の撤廃に関わる専門家が、テクノロジーに関わる企業並びに開発者および設計者と一緒に「人種差別をなくすために何ができるか」について議論し、協働して取り組むことが第一歩として重要になってくるであろう。残念ながら、まだまだ日本においては、このようなテクノロジーに関わるセクターと差別の撤廃に関わる当事者や専門家による意見交換の機会はまだまだ少ない。

　本報告書は、「人種差別とテクノロジーと」の問題を考えるにあたり、様々な角度から重要な視点が指摘されている。本章ではすべてを紹介することはできなかったが、本章が「人種差別とテクノロジー」を議論する際の足掛かりとなれば幸いである。

---

(1)　A/HRC/44/57、日本語訳：https://imadr.net/wordpress/wp-content/uploads/2020/08/Racism-an-Digital-Technologies-Report-of-SR-J.pdf

(2)　統計的差別については『IMADRブックレット19　AIと差別』解放出

　　版社、2020年の堀田義太郎の報告「統計的差別について」39–48頁参照。

（3）　ポジティブアクションやアファーマティブアクション等の法学からの文献として、辻村みよ子『世界のポジティヴ・アクションと男女共同参画』東北大学出版会、2004年や辻村みよ子『ポジティヴ・アクション―「法による平等」の技法』岩波書店、2011年等参照。

（4）　https://unctad.org/en/PublicationsLibrary/dtlinf2020d1_en.pdf 参照。

（5）　「外国人住民調査報告書」（http://www.moj.go.jp/content/001226182.pdf）。

（6）　「日本国内の人種差別実態に関する調査報告書」（https://gjhr.net/wp-content/uploads/2018/04/e4babae7a8aee5b7aee588a5e5ae9fe6858be8aabf e69fbbe7a094e7a9b6e4bc9ae5a0b1e5918ae69bb8e380902018e5b9b4e78 988e380911.pdf）。

（7）　A/HRC/42/50.paras.71–75.

（8）　Mark Zuckerberg has $7 billion wiped off his fortune as Coca-Cola halts all social-media advertising for 30 days, June27, 2020BUSINESS INSIDER, https://www.businessinsider.com/facebook-mark-zuckerberg-worth-craters-coca-cola-boycott-ads-2020-6（日本語訳「コカ・コーラも広告ボイコットに参加…フェイスブックの株価が大きく下落し、ザッカーバーグは70億ドルを失った」『BUSINESS INSIDER』2020年6月29日〔https://www.businessinsider.jp/post-215597?utm_source=dlvr.it&utm〕）。

（9）　『ネット上の部落差別と今後の課題――「部落差別解消推進法」をふまえて』部落解放・人権研究所、2018年、30頁。

（10）　ボットについては、反差別国際運動が本報告書作成に際して提供した情報を参照。Inputs for Thematic Report on New Information Technologies, Racial Equality, and Non-discrimination,IMADR, 15 November, 2019. https://www.ohchr.org/Documents/Issues/Racism/SR/Call/IMADR.pdf

（11）　CERD/C/GC/36（日本語訳：https://imadr.net/wordpress/wp-content/uploads/2021/01/CERD-GC36-Japanese.pdf）。

（12）　Amazon scraps secret AI recruiting tool that showed bias against women, October10,2018,REUTERS（https://www.reuters.com/article/us-amazon-com-jobs-automation-in...-ai-recruiting-tool-that-showed-bias-against-women-idUSKCN1MK08G）。

（13）　A/HRC/17/31（日本語訳：https://www.unic.or.jp/texts_audiovisual/resolutions_reports/hr_council/ga_regular_session/3404/）。

（14）　https://www.torontodeclaration.org/declaration-text/english/.

【参考文献】

■書籍

- 石川優実『#KuToo ── 靴から考える本気のフェミニズム』現代書館、2019年。
- 稲葉振一郎・大屋雄裕・久木田水生・成原慧・福田雅樹・渡辺智暁編『人工知能と人間・社会』2020年、勁草書房。
- 唐澤貴洋『炎上弁護士』日本実業出版社、2018年。
- キャシー・オニール『あなたを支配し、社会を破壊する、AI・ビッグデータの罠』2018年、インターシフト。
- 佐藤佳弘『インターネットと人権侵害 ── 匿名の誹謗中傷〜その現状と対策』武蔵野大学出版、2016年。
- ジェフ・コセフ著、小嶋由美子訳、長島光一監修『ネット企業はなぜ免責されるのか ── 言論の自由と通信品位法230条』みすず書房、2021年。
- 田中辰雄・山口真一『ネット炎上の研究 ── 誰があおり、どう対処するのか』勁草書房、2016年。
- ダニエル・キーツ・シトロン著、明戸隆浩・唐澤貴洋・原田學植監訳、大川紀男訳『サイバーハラスメント ── 現実へと溢れ出すヘイトクライム』明石書店、2020年。
- 谷口真由美・荻上チキ・津田大介・川口泰司『ネットと差別扇動 ── フェイク／ヘイト／部落差別』解放出版社、2019年。
- 中川慎二・河村克俊・金尚均『インターネットとヘイトスピーチ　法と言語の視点から』明石書店、2021年。
- 反差別国際運動（IMADR）『IMADR ブックレット 19　AI と差別』解放出版社、2020年。
- 部落解放・人権研究所『ネット上の部落差別と今後の課題 ──「部落差別解消推進法」をふまえて』部落解放・人権研究所、2018年。
- 福田雅樹・林秀弥・成原慧編『AI がつなげる社会 ── AI ネットワーク時代の法・政策』2017年、弘文堂。
- 毎日新聞取材班『SNS 暴力 ── なぜ人は匿名の刃をふるうのか』毎日新聞出版社、2020年。
- 山本龍彦編『AI と憲法』2018年、日本経済新聞出版。
- 李信恵・上瀧浩子『#黙らない女たち ── インターネット上のヘイトスピーチ・複合差別と裁判で闘う』かもがわ出版、2018年。

■特集

- 「インターネット上の誹謗中傷問題 ── プロ責法の課題」『ジュリスト』（1554号）2021年。
- 「ネット差別と法」『月刊部落解放』（807号）2021年。

【編著者プロフィール】

宮下萌 （みやした もえ） ［はじめに／第9章／第12章］

弁護士。反差別国際運動（IMADR）特別研究員。ネットと人権法研究会メンバー。反差別国際運動にて人種差別撤廃に関するロビー活動・アドボカシー活動等を担当。活動内容としてヘイトスピーチ、人種差別とテクノロジー、レイシャルプロファイリング、ビジネスと人権、複合差別等を担当している。専門はインターネット上のヘイトスピーチ。主な著作に、「保護法益から再考するヘイトスピーチ規制── 人間の尊厳を手掛かりに」早稲田大学大学院法務研究科『臨床法学研究会　LAW AND PRACTICE』第13号（2019年）など。

【著者プロフィール】

明戸隆浩 （あけど たかひろ） ［第1章／第5章］

立教大学社会学部助教。東京大学大学院人文社会系研究科博士課程単位取得退学。専門は社会学、社会思想、多文化社会論。現在の関心はヘイトスピーチやレイシズム、排外主義の問題。著書に『レイシズムを考える』（共著、共和国、2021年）、『アンダーコロナの移民たち』（共著、明石書店、2021年）など。訳書にダニエル・キーツ・シトロン『サイバーハラスメント』（監訳、明石書店、2020年）など。

石川優実 （いしかわ ゆみ） ［第2章］

1987年生まれ、愛知県出身。俳優・アクティビスト。2017年末に芸能界で経験した性暴力を#MeTooし、話題に。それ以降ジェンダー平等を目指し活動。2019年、「#KuToo」運動を展開。「2019年新語・流行語大賞トップ10」に#KuTooがノミネート。2019年10月、英BBCが選ぶ世界の人々に影響を与えた「100 Women」に選出。主な著書に『#KuToo── 靴から考える本気のフェミニズム』（現代書館）。

川口泰司 （かわぐち やすし） ［第3章］

1978年生まれ、愛媛県の被差別部落に生まれる。中学時代、同和教育に本気で取り組む教員との出会いから解放運動に取り組むようになる。大学卒業後、社団法人部落解放・人権研究所、社団法人大阪市新大阪人権協会を経て、2005年より一般社団法人山口県人権啓発センター事務局長。主な著書に、『ネット

と差別扇動——フェイク／ヘイト／部落差別』（共著、解放出版社、2019年）、
『ハートで挑戦——自己解放への道』（解放出版社、2006年）など。

上瀧浩子 (こうたき ひろこ) ［第4章］

弁護士（京都弁護士会所属）。2009年の京都朝鮮学校襲撃事件について、京
都朝鮮学園が在特会を提訴した裁判の京都朝鮮学園の弁護団に加わる。2014
年から李信恵氏が桜井誠氏、保守速報、在特会を訴える「反ヘイトスピーチ裁
判」の代理人弁護士。主な著書に、『#黙らない女たち——インターネット上
のヘイトスピーチ・複合差別と裁判で闘う』（共著、かもがわ出版、2018年）。

曺慶鎬 (ちょう きょんほ) ［第5章］

立教大学社会学部助教。東京大学大学院人文社会系研究科博士課程単位取得
退学。専門は社会学、社会調査、エスニシティ論、ナショナリズム論。著書
に『公正な社会とは——教育、ジェンダー、エスニシティの視点から』（共著、
人文書院、2012年）など。

唐澤貴洋 (からさわ たかひろ) ［第6章］

弁護士。1978年生まれ。法律事務所Steadiness運営。インターネットなどIT
に関連する法律問題の対応件数は多数にのぼり、掲示板、SNS、ブログでの
誹謗中傷やプライバシー侵害への対応を多く行っている。2018年、NHKド
ラマ『炎上弁護人』の取材協力を務める。主な著書に、『そのツイート炎上し
ます！—— 100万回の殺害予告を受けた弁護士が教える危機管理』（カンゼン、
2019年）、『炎上弁護士』（日本実業出版社、2018年）。

佐藤佳弘 (さとう よしひろ) ［第7章］

株式会社情報文化総合研究所代表取締役、武蔵野大学名誉教授。1974年東北
大学工学部卒、1999年東京大学大学院工学系研究科修了（学術博士）。富士
通、東京都高等学校、NTTデータ、武蔵野大学を経て現職。ほかに早稲田大
学大学院非常勤講師、総務省自治大学校講師、東京都人権施策に関する専門
家会議委員。主な著書に、『インターネットと人権侵害』（2016年、武蔵野大
学出版会）『ネット中傷 駆け込み寺』（2021年、武蔵野大学出版会）など。

金尚均（きむ さんぎゅん）［第8章］

龍谷大学法学部教授。山口大学経済学部講師、西南学院大学法学部助教授を
へて現職。専門は刑法。主な著書に、『インターネットとヘイトスピーチ ──
法と言語の視点から』（共著、明石書店、2021年）、『差別表現の法的規制 ──
排除社会へのプレリュードとしてのヘイト・スピーチ』（法律文化社、2017
年）、『ドラッグの刑事規制 ── 薬物問題への新たな法的アプローチ』（日本評
論社、2009年）、『危険社会と刑法 ── 現代社会における刑法の機能と限界』
（成文堂、2001年）など。

成原慧（なりはら さとし）［第10章］

九州大学法学研究院准教授。東京大学大学院学際情報学府博士課程単位修得
退学後、東京大学大学院情報学環助教、総務省情報通信政策研究所主任研究
官などを経て現職。専門は情報法。主な著作は、『表現の自由とアーキテク
チャ ── 情報社会における自由と規制の再構成』（勁草書房、2016年）、『AI
がつなげる社会 ── AIネットワーク時代の法・政策』（共編著、弘文堂、2017
年）、『アーキテクチャと法 ── 法学のアーキテクチュアルな転回?』（共著、
弘文堂、2017年）。

佐藤暁子（さとう あきこ）［第11章］

弁護士。International Institute of Social Studies（オランダ・ハーグ）開発学修
士（人権専攻）。名古屋大学日本法教育研究センター在カンボジア非常勤講師、
在バンコク国連開発計画アジア・太平洋地域事務所でのビジネスと人権プロ
ジェクト参画を経て、現在は人権方針、人権デューディリジェンス、ステー
クホルダー・エンゲージメントのコーディネート、政策提言などを通じて、ビ
ジネスと人権の普及・浸透に取り組む。認定NPO法人ヒューマンライツ・ナ
ウ事務局次長。国際人権NGOビジネスと人権リソースセンター日本リサー
チャー／代表。Social Connection for Human Rights共同代表。

第1章：『月刊部落解放』（2021年7月号）初出。
第6章：『月刊部落解放』（2021年7月号）掲載論文を加筆・修正。

テクノロジーと差別
ネットヘイトから「AIによる差別」まで

2022年2月10日　第1版第1刷発行

編著者
宮下萌

発行
株式会社 解放出版社
〒552-0001
大阪府大阪市港区波除4-1-37 HRCビル3階
Tel. 06-6581-8542　Fax. 06-6581-8552

東京事務所
〒113-0033
東京都文京区本郷1-28-36 鳳明ビル102A
Tel. 03-5213-4771　Fax. 03-5213-4777
振替 00900-4-75417

ホームページ
http://kaihou-s.com

装幀
平澤智正

印刷・製本
株式会社 太洋社

Printed in Japan
ISBN 978-4-7592-6801-0 C0036
NDC分類360　248p 21cm